나는 배추벌레였다

나는 배추벌레였다

이 드보라 지음

좋은땅

"배추벌레에서 드보라"로 현대판 "브리스길라와 아굴라"라고 부른다

세상에는 두 종류의 사람들이 살고 있다. 자신이 미련함을 알고 있는 지혜로운 자들과 자신이 지혜로운 줄로 아는 미련한 자들이다. 자신을 배추벌레로 표현한 이 드보라 목사님은 참 지혜로운 자이다. "배추벌레는 건드리면 그냥 터져 버린다. 얼마나 약한지 그냥 건드리고 바람만 불어도 몸이 터져서 흔적도 없이 사라지는 존재다. 나도 너무 힘이 없어 누가 나를 무시하고 밀치면 내동 그래지고 누가 내 것을 빼앗아 버려도 아무 저항도 방어도 하지 못하는 배추벌레와 같다는 생각이 들었다."

자연인으로서 그녀는 배추벌레였을지도 모르지만, 하나님의 택하심을 입고 예수님을 만나서 "십자가의 도"를 경험한 이 드보라 목사님은 성경 말씀이 사실인 것을 드러내는 삶을 살고 있다.

"그러나 하나님께서 세상의 미련한 것들을 택하사 지혜 있는 자들을 부끄럽게 하려 하시고 세상의 약한 것들을 택하사 강한 것들을 부끄럽게 하려 하시며 하나님께서 세상의 천한 것들과 멸시받는 것들과 없는 것들을 택하사 있는 것들을 폐하려 하시나니."(고전 1:27~28) 말씀하신 것처럼 "배추벌레에서 드보라"(삿 4~5)로 살아가고 있다.

선교행전 이라고 불리는 사도행전의 주인공은 단연코 선교사 사도바울이다. 그리고 사도바울의 선교팀에서 가장 중요한 사람을 선택하라고 하면 나는 주저 없이 브리스길라와 아굴라 부부를 꼽는다. 사도바울이 전도 하던 곳마다 박해당하며 도망하여서 고린도에 도착했을 때(행 18:1~2) 선교팀원들은 뿔뿔이 흩어지고 선교비마저 떨어진 가장 힘든 상황에 처했었다. 그때 그의 앞에 나타나 자신의 집을 교회로 제공하고 사역의 모든 필요를 채운 사람이다.

에베소 지역에 복음을 전할 때에도 자신의 집을 교회로 제공한 사람, 바울의 3차전도 여행에는 직접 선교팀에 동행한 사람 그래서 "저희는 내 목숨을 위하여 목이라도 내어놓은 사람"(롬 16:3~4)으로 사도바울이 로마의 성도들에게 소개한 사람들이 브리스길라와 아굴라였다. 그래서 나는 이 드보라 목사님과 손 광명 장로님을 현대판 "브리스길라와 아굴라"라고 부른다.

미용실을 운영하면서 아름다운 교회를 개척하였고 세계 기독 미용 선교회를 설립하였으며 제주에서는 인테리어 건축 사업을 하는 가운데 제주 GWM 선교교회를 개척하였고 이후에 펜션을 운영하면서는 GWM 선교회를 설립한 이 드보라 목사님 부부는 텐트메이커로 선교사역을 감당한 브리스길라와 아굴라 부부와 동일한 삶을 살아내고 있기에 나는 그들을 현대판 브리스길라와 아굴라 부부라 부르는 것이다.

이 드보라 목사님의 사부님이신 손 광명 장로님은 내가 신학교에 다니던 시절부터 알고 지냈고 인도 복음 선교회의 이사로 섬기며 나의 35년 인도 선교에 동참하고 계신다. 그의 권유로 이 드보라 목사님이 인도 북동부 지부의 여성 제자 훈련에 미용 기술을 가르쳐 주셨고 훈련을 받은 이들이 미용을 복음 전파의 매우 유익한 도구로 쓰고 있다. 일주일 만에 미용 기술을 전수시키시는 목사님을 보면서 특별한 은사를 가진 사역자임을 다시 한번 확인하게 되었다.

이 드보라 목사님이 《나는 배추벌레였다》는 책 출간을 진심으로 축하하며 격려하면서 저자의 마치는 글에 쓰인 내용을 인용하여 세계 선교를 향한 열정과 그 소망이 아름답게 펼쳐지기를 축복한다.

"이 책을 통하여 뜻이 같은 분들을 많이 만나고 싶고 함께 일하면서 각자의 달란트를 적절하게 사용한다면 하나님이 기뻐하시는 아름다운 선교단체가 될 것이라 믿는다."

부산 민락동 선교관에서
인도 복음 선교회 회장 김정식 선교사(Ph,D)

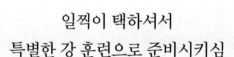

일찍이 택하셔서
특별한 강 훈련으로 준비시키심

　이 드보라 목사님은 어느 해 남편인 손 광명 장로님이 회장으로 섬기는 한국 CBMC 기독 실업인 제주연합회 VIP 전도 초청 잔치 강사로 초청되어 갔을 때 처음 만났다.

　이번 이 드보라 목사님의 신앙 자서전《나는 배추벌레였다》책을 읽고 이 목사님 삶의 여정에 특별한 하나님의 섭리와 은혜가 있다는 것을 알게 되었다. 어린 시절 하나님을 알기 전부터 하나님은 이 드보라 목사님을 택하셔서 훈련하시고 준비시키며, 특별한 강훈련으로 일찍이 직접 개입하셨음을 느꼈습니다. 하나님께서 한 사람 한 사람의 삶 속에 들어와 당신의 역사를 이루어 가시는 모습을 생생히 보여 주고 있습니다. 많은 분이 이 책을 통하여 도전받고 하나님의 손에 붙들린바 되어 하나님의 뜻이 또 다른 하나님의 자녀를 통해 이 땅에 펼쳐지기를 바라는 마음으로 적극 추천합니다.

월드비견 회장 조명환 박사

강하고 끈기가 있고
오직 주만 바라보고

작은 고추가 맵다는 말이 있듯이 이 드보라 목사를 어느 때 만났을 때 제주를 사랑한다고 말하였고 나는 제주 선교사 김 광식 목사라고 하면서 첫 만남이 되었다. 그 후 함께 목회자 금식 전도 세미나 등을 하면서 함께 하였고 제주선교 연구원 회원들과 더불어 천국 환송 예식으로 장례문화를 제주에서 한다면 복음 전파하기에 좋은 선교 도구라고 하면서 제주 선교를 위해 함께하게 되었고 매월 기도회를 통하여 오직 주의 일은 주님이 하시기 때문에 제주 복음화를 위하여 매월 기도회도 하고 있다.

이번에 책을 출판한다고 하면서 《나는 배추벌레였다》 책 제목처럼 이 목사님은 정말 약한 것 같은데 강하고 끈기가 있고 오직 주만 바라보고 살아가는 모습이 도전되고 귀감이 되었다.

이 드보라 목사는 어린 시절부터 하나님은 강하고 담대한 훈련을 하였다는 것을 책으로 알게 되었고 지금의 GWM 선교회에 이런 한 사람의 인생 여정 속에 훈련을 시키고 만들어 가시는 것을 보면서 친히 주님이 일하시는 것을 다시 한번 느끼게 되었다. 다른 사람들도 이 책을 읽고 믿음에 도전받고 하나님 앞에서 작다고 이유 대지 마시고. 부족하지만 주

님 손에 이끌리기만 하면 주님이 만들어 쓰신다는 것을 느끼면서 많은
사람이 읽고 도전받기를 기대하며 적극 추천합니다.

제주 충신교회 은퇴 공로목사

제주 선교연구원 원장 김광식 선교사

주님의 말씀에 순종하고
몸소 실천하는 종

　이 드보라 목사님의 사역 현장에서 몸소 체험했던 신앙의 자서전《나는 배추벌레였다》책 출간을 진심으로 축하드립니다.

　힘들고 어려운 어린 시절을 믿음으로 극복하고 미용사가 되고 목회자가 되어 미용 선교로 인도 필리핀 중국 몽골 등 지역의 현지에서 가장 필요한 복음을 전파하면서 미용 기술, 페인트 기술을 복음과 함께 가르쳐 아름다운 선교사역을 하고 있음을 축복하고 격려해 드립니다.

　영혼 육의 치유 사역으로 영 육을 강건하게 하는 특별한 프로그램으로 많은 사람을 치유 회복되는 귀한 일들이 이 책을 통해 많은 사람이 하나님의 역사가 임하길 바라는 마음으로 적극 추천합니다.

제주순복음교회 표순호 목사

꾸밈없이 순수함과 진실성 그리고 현장성이 넘쳐나는
삶, 미래를 열어 가는 힘으로 만들어 가는 삶

"미래를 바라보며 현대를 살아간다."

나는 이 드보라 목사를 일터에서 처음 만났다. 그동안 이들과 가끔 만나서 이야기를 나누는 저자 부부는 좋은 믿음의 친구이다.

그런데 이 책을 읽고서 두 분을 존경하게 되었다. 누구나 사는 인생이지만 자신의 인생을 이렇게 기억을 꺼내 기록한다는 것은 아무나 할 수 있는 것은 아니다. 기록은 진정성이 생명이다. 어린 시절에 이야기부터 서울 상경의 일들과 미용사로의 변신, 그 후에 예수님의 제자가 되어 말씀을 따라 세계 선교사로서 헌신하는 이야기는 너무 흥분되는 마음을 일으켰다.

이 책을 강력하게 추천할 만한 이유는 내용이 꾸밈없이 순수함과 진실성 그리고 현장성이 넘쳐나는 꿀송이 같기 때문이다.

'기억하지 않으면 없던 일이 될까 봐.'라는 책에서 여행 작가 지상님은 '기록과 기억사이'라는 이야기를 이렇게 썼다.

"미래를 바라보며 현대를 살아간다. 하지만 기억이 존재하는 한 과거로부터 영향을 받을 수밖에 없다."

기억에 따라 삶이 다양한 모습으로 변주된다고 말할 수도 있다. 과연 기억이란 인간에게 어떤 의미일까? 과거의 기억을 두고 있는 그대로가 아니라, 현재의 내가 불러낸 세계이며, 그것은 미래를 열어 가는 힘이다.

나는 이 책을 다 읽고 나서 파란만장한 인생의 기억을 미래를 열어 가는 힘으로 만들어 가는 이 드보라 목사님께 진심으로 존경하게 되었다. 모든 분들에게 꼭 한번 읽기를 강력하게 추천한다.

(전)제주 성시화 운동 본부대표
제주 국제 순복음교회 박명일 목사

하나님 손에 붙들려서
이끌림을 받은자

　나는 배추벌레였다.

　지극히 겸손한 자만 자기 자신의 위치를 알 수 있다. 하나님 손에 붙들려서 이끌림을 받은 자만이 겸손할 수 있는 것이다, 저자인 이 드보라 목사님과 손 장로님과는 오래전부터 정다운 믿음의 형제로 지내고 있다. 어느 해 함께 몽골의 심장재단 행사 때 미용 선교로 사역을 한 적이 있다. 비록 짧은 시간에 많은 이들을 가르쳐야 했지만 성실하게 진심으로 한 사람 한 사람을 가르치는 것을 보았다. 사역에 집중하다 보니 다른 사람들처럼 선교지 여행도 전혀 생각지도 못하고 가르치는 시간 때문에 공간에만 있다가 오게 됨을 보면서 마음이 한편으로 안쓰럽고 미안하기도 했다. 한편으로는 어떤 삶을 살아왔기에 이러한 섬김이 가능한지 궁금하기도 했다.

　이번에 자서전으로 쓴 이 책을 읽으면서 저자가 살아온 삶 속에서 하나님의 특별한 은혜가 있었다는 것을 알게 되었다. 하나님의 은혜가 저자를 어떤 환경이든지 감사하며 기쁜 마음으로 헌신할 수 있도록 이끈 것이다.

미용 선교는 특수한 기술을 가져야 가능한 방식으로, 선교지에 꼭 필요하면서도 특별한 사역이다. 미용을 통해서 하나님의 복음이 흘러가는 것을 보게 된다.

마지막 시대의 이러한 달란트를 가진 분들이 주님 앞에 자신이 가진 것이 무엇이든지 드리기만 한다면 주님은 오병이어의 기적으로 많은 사람을 살리고 세우실 것이다, 우리 모두 주님께 큰 빚을 지고 사는 자들이다, 아무쪼록 이 드보라 목사님과 손 장로님의 특별한 사역을 통해 많은 사람을 깨우고 일으키는데 존귀하고 귀하게 쓰임 받는 목사님이 되기를 원하며 독자들에게 믿음의 도전받기를 기대한다.

밀알 심장재단 이정재 총재

책을 열며

　어느 목사님께서 책을 쓰라고 말씀을 하셨다. 그래서 지난날을 뒤돌아보면서 하나님과 함께 걸어온 여정을 뒤돌아보게 되었다. 기억을 더듬으면서 하나님이 함께하셔서서 이끄셨던 것을 다른 사람들과 공유하면서 하나님이 저와 함께 일하셨던 것들을 하나님이 하시는 놀라운 일들을 함께 느끼고자 하는 마음으로 펜을 들었다. 이 책을 통하여 GWM 선교회 단체의 일들 하나님이 자비량 사역자와 연합된 사역 곳곳에서 준비된 사역자들이 마치 자동차 부품이 각각 다른 곳에서 만들어져 결합하면서 좋은 자동차를 만들고 그 차로 많은 일들을 할 수 있는 것같이 하나님께서도 각 사람의 마음을 감동 주시고 친히 선교의 주자로서 땅 끝까지 이르러 당신의 백성들을 사방팔방에서 모으시고 추수하시고 또한 사역자로 삼으시는 것을 볼 때 우리는 영광의 왕이신 그분께 우리가 할 말은 영광을 올려 드리며. "영광의 왕이시다. 너희는 그 앞에 다 나와서 경배를 돌릴지어다." 이 말씀이 맞습니다. 말만 할 뿐이다. 이 책이 나오기까지 격려해 주시고 힘써 주신 많은 분들께 감사드리고 지금까지 나의 사역을 도와주시고 기도해 주시고 믿음으로 동역해 주신 분들께 진심으로 감사드린다. 이들이 있었기에 지금의 내가 있고 앞날의 남은 사역도 할 수 있는 겁니다. 그리고 또한 나의 독특한 사역과 삶을 말없이 힘써 도와주고 함께해 주는 평생의 나의 동반자요 나의 동역자인 남편 손 광명 장로에게 진심으로 감사를 드린다.

그리고 우리 자녀들에게 나의 이 독특한 사역을 하느라 자녀들을 좀 더 사랑해 주지 못하고 함께해 주지 못한 것이 미안하다. 그런데도 불구하고 하나님의 은혜로 잘 살아 주는 것에 감사한다. 앞으로도 나의 사역을 해 가는데 변함없이 기도해 주시고 믿음으로 후원해 주시고 응원해 주시는 동 역자들에게 이 글을 바치고 우리를 늘 품어 주시고 사랑해 주시는 하나님의 영원한 사랑으로 우리 모두를 축복합니다.

2024년 6월

이 드보라 목사

contents

召 命 (소명)

使命(사명) ·······························

訓練(훈련)

약한 나를 강하게

고린도전서 1:24~29

24. 오직 부르심을 받은 자들에게는 유대인이나 헬라인이나 그리스
    도는 하나님의 능력이요 하나님의 지혜니라.
25. 하나님의 어리석음이 사람보다 지혜롭고 하나님의 약하심이 사
    람보다 강하니라.
26. 형제들아 너희를 부르심을 보라 육체를 따라 지혜로운 자가 많지
    아니하며 능한 자가 많지 아니하며 문벌 좋은 자가 많지 아니하
    도다.
27. 그러나 하나님께서 세상의 미련한 것들을 택하사 지혜 있는 자들
    을 부끄럽게 하려 하시고 세상의 약한 것들을 택하사 강한 것들
    을 부끄럽게 하려 하시며
28. 하나님께서 세상의 천한 것들과 멸시받는 것들과 없는 것들을 택
    하사 있는 것들을 폐하려 하시나니.
29. 이는 아무 육체도 하나님 앞에서 자랑하지 못하게 하심이라.

1) 나는 배추벌레였다

나는 하나님의 인도하심 속에 내가 얼마나 부족하고 보잘것없는 사람이라는 것을 알게 하셨다. 매사에 자신감이 없어서 내 주장과 내 생각을 말하지 못했다. 어느 날 나의 부족함을 깨닫게 하는 말씀을 보게 되었다. '나는 타다 만 부지깽이와 같다.'고 다윗왕은 고백하였다. 예레미야는 '우리는 토기 그릇 같다.'고 하였다. 금방 깨지기 쉽고 그냥 보잘것없는 그릇이라고 아무 자신감과 존재감도 없는 예레미야에게 "너는 아이라 말하지 말라. 내 말을 네 입에 넣어 주셨다."고 하시면서 담대하게 외치라고 말씀하신 것처럼, 나는 하나님 앞에서나 자신에 대해 돌아보면 '나는 배추벌레'라는 마음이 들었다.

왜냐하면, 배추벌레는 배추와 색이 같아서 사람들 눈에 잘 띄지 않고 존재 자체를 사람들이 기억하지 못하는 그런 모습이 바로 나의 모습이었다.

내가 있는 곳에서 말썽을 피우지 않고, 아무 말도 하지 않고, 힘들어도 답답해도 불편해도 어느 곳에 있는지 존재 자체를 나타내지 않는 것이 나의 모습이었다.

주변에서는 잃어버릴 정도로 눈에 띄는 존재가 아니었다.

배추벌레는 건드리면 그냥 터져 버린다. 얼마나 약한지 그냥 건드리고 바람만 불어도 몸이 터져서 흔적도 없이 사라지는 존재다. 나도 너무 힘이 없어 누가 나를 무시하고 밀치면 내동 그래지고 누가 내 것을 빼앗아 버려도 아무 저항도 방어도 하지 못하는 배추벌레와 같다는 생각이 들었다. 하나님이 내게 감동 주셨을 때, "네, 하나님. 제가 그런 사람입니다. 주님이 함께하지 않으시면 나는 아무것도 할 수 없는 존재입니다. 주님이 나의 방어와 방패가 되어 주셔야 합니다."

송충이나 노린재는 냄새를 풍겨서 상대방을 방어하고 콩 벌레는 동그랗게 콩처럼 몸을 말아서 '데구루루' 굴러 다른 곳으로 피해 간다. 또 어떤 벌레들은 색깔을 바꾸며 자신을 보호하고 나름대로 방어체계가 있는데 배추벌레는 배추 색의 푸른 것밖에 없고 방어 능력은 하나도 없어 건드리면 터지는 그런 나약한 모습이다.

하나님은 이런 배추벌레와 같은 나를 강하고 담대하게 복음의 용사로 이름까지 '드보라'로 바꾸어 일하시는 주님을 보게 하셨다. 이 이름을 네 번이나 말씀하셨지만 부끄럽고 창피해서 이름을 바꾸지 못했고 또 이름이 너무나 커서 과연 나 같은 사람이 그 이름을 감당할 수 있을지 자신이 없었다. 하지만 수십 년을 지나오며 결국, 이름을 바꾸었고 하나님께서 능력을 부어 주시고 친히 이끌어 가시는 것을 경험하면서 내가 한 것은 없고 모두가 주님이 다 하셨다는 고백만이 나의 참 고백이 되었다.

2) 배추를 보면서 받은 교훈

그해는 겨울이 오지 않을 것처럼 봄 같은 날씨의 연속이었다. 봄에 피어야 하는 꽃들이 봄으로 착각하고 피어나기도 했다.

그런데 오늘 밤 갑자기 온도가 떨어져서 영하의 추위가 당분간 계속될 것이라는 뉴스와 농작물 피해 없기를 바란다고 약간은 호들갑스러운 뉴스를 듣게 되었다.

나는 텃밭에 배추를 조금 심어 놓았는데 그해 김장을 내가 심은 것으로 하겠다는 마음으로 열심히 가꾸고 돌보았지만 늦게 씨를 뿌린 탓인지 배추 고갱이가 생기지 않아 최대한 늦게 뽑아서 조금이라도 더 키워 내가 심은 배추로 김장을 했노라 말하고 싶었다. 그래서 김치 먹을 때마다 그동안 수고하고 가꾼 기쁨도 있을 거라 생각하고 뽑지 않고 있었다. '설마 그렇게 춥겠어?' 하고 그냥 지나가려고 했는데 저녁이 되니 온도가 더 내려가는 것 같았고 밤 12시가 넘어서 그동안 가꾼 것을 하나도 먹지 못하는 것보단 빨리 가서 뽑아야겠다고 생각해 큰 다라이를 가지고 밭으로 갔다.

'좀 더 키워야 하는데 아쉽지만 어쩔 수 없다.' 생각하고 모두 뽑아서 담으니 수북하게 큰 다라이에 가득 찼다. 정말 날씨는 춥고 연이어 눈까지 내려서 온 세상이 하얗게 변했다. 추위는 그 주간 계속되면서 몇십 년 만에 일찍 찾아온 겨울로 뉴스에 나오고 그렇게 긴 겨울 내내 눈이 왔다. 어느새 봄이 와서 영상의 날씨로 모든 눈이 녹아 버리고 밭에 나가 보니, 그때 뽑지 않은 작은 배추 몇 개가 다시 파랗게 살아 있는 것을 발견했다. 그때 나는 배추를 보면서 '나는 저 배추만도 못하구나.' 배추에게 나는 배워야겠다고 생각했다.

영하의 날씨에도 죽지 않고 밤낮으로 추운 날씨와 눈보라 속에서도 생명을 유지하며 자신의 위치에서 최선을 다하는 모습을 보면서 '만약 내가 옷도 제대로 입지 않았다면 나는 그 추위에 버텼겠는가?' 나는 아마 얼어 죽었을 것이다. 하지만 배추는 죽지 않고 자신이 있는 곳에서 최선을 다했다는 것과 하나님은 저 작은 배추의 껍질에 겹으로 말하면 몇 미리나 될지 모르지만 채 1mm의 두께도 안 되는 방수 단열 장치를 해서 절대 눈 속에서도 얼어 죽지 않게 하신 하나님의 오묘하심과 전지전능하심에 놀라움을 금치 못했다. 만약 우리가 살고 있는 주거 문화에서 배추 껍질에 있는 초미립자처럼 완벽한 단열 처리를 할 수 있는 과학적인 기술이 있다면 그것은 완전 대박이고 특허 제품이 되겠다는 생각을 해 보았다.

우리는 이렇게 자연을 통하여 많은 것을 알고 깨닫는다. 나는 너무 힘들고 답답하고 끝없는 터널 같은 시간을 지나면서 끝나지 않을 것 같은 나의 삶의 환경에서 반드시 살아 있어야 비전의 약속을 이룰 수 있다는 마음을 주셨다. 그래서 지금 나에게 보이는 것이 아무것도 없지만, 주님은 나를 잡고 계시고 나도 주님의 말씀을 따라 지금 내가 줄기로써 성장하는 시기이니 신실하신 하나님을 믿고 기다리면서 주님의 말씀을 따라 한 걸음씩 나아가는 것이 나에게 는 충성스런 삶의 여정이라고 깨닫게 되었다.

어린 시절

여호수아 1:6~9

6. 강하고 담대하라. 너는 내가 그들의 조상에게 맹세하여 그들에게 주리라 한 땅을 이 백성에게 차지하게 하리라.

7. 오직 강하고 극히 담대하여 나의 종 모세가 네게 명령한 그 율법을 다 지켜 행하고 우로나 좌로나 치우치지 말라 그리하면 어디로 가든지 형통하리니.

8. 이 율법 책을 네 입에서 떠나지 말게 하며 주야로 그것을 묵상하여 그 안에 기록된 대로 다 지켜 행하라 그리하면 네 길이 평탄하게 될 것이며 네가 형통하리라.

9. 내가 네게 명령한 것이 아니냐? 강하고 담대하라. 두려워하지 말며 놀라지 말라 네가 어디로 가든지 네 하나님 여호와가 너와 함께 하느니라 하시니라.

1) 어린 시절 우리의 집

오십 년도 넘은 시간 어린 시절부터 한번 되짚어 보고자 한다. 경기도 여주군 흥천면 다대리 419번 기억이 정확하게 집 주소가 기억난다. 우리 집은 동네 중앙에 있었는데 가장 가난하고 어려운 생활이 우리 집이었다.

세 살 때 기억에 엄마가 대성통곡하고 땅을 치고 울고 계셨다. 방문을 열면 2평 정도 되는 공간으로 '봉당'이라고 하고 부엌과 연결되는 장소에서 큰 소리로 울고불고 난리가 났다. 나도 놀라서 우니까 동네 사람이 나를 데리고 어디론가 장소를 옮겼다. 이 기억만 나는데 어른이 되어서 생각해 보니 아버지가 갑자기 돌아가신 상황이었다.

무슨 약을 잘못 드시고 바로 하루 사이에 돌아가시게 된 것이다. 당시 어머니는 이십삼 세, 나에겐 오빠가 두 살 위가 있었지만 태어나서 두 살 쯤 되어 죽게 되고 그 뒤로 내가 태어나서 세 살 되었을 때 아버지는 펄펄 뛰다가 정신을 잃고 이리 뛰고, 저리 뛰다가 신경 손상으로 사망하신 상황이다. 어머니는 시각장애가 있으셨고 체력도 약하시며 또 키도 작은 어머니의 삶은 그 누구보다도 어렵고 힘든 삶이셨다. 우리 집은 아버지 없이 살아가기 때문에 옛날에는 초가지붕을 해마다 다시 해 올려서 덮어 주어야 하는데 남자가 없어서 할 수가 없었다.

엄마 나이 스물세 살에 나는 세 살이고 내 동생은 엄마 배 속에서 유복자 상태에 있었다. 너무나 어려운 삶을 살았을 것이라는 것을 내가 어른이 되어서 엄마를 불쌍히 여기고 조금이라도 자기 자신의 삶을 살게 하고 싶은 생각을 하면서 재혼을 적극 권유한 적도 있었다.

내 나이 스물셋 때, 엄마 나이 마흔세 살이니 재혼해서서 자신의 삶을 조금이라도 찾게 하고 싶어서 결혼을 권유해 드렸지만, 엄마는 오히려 자기를 부담스러워서 내가 엄마를 어디론가 보내려고 한다고 받아들이고는 너무나 크게 오해하며 화를 내셨기 때문에 다시는 말하지 않게 되었다.

살아가면서 힘든 일들을 만날 때마다 '지금 아버지가 계셨으면 좋았을 건데….'라는 생각을 하며 내 편에서 나에게 좋은 말 한마디라도 해 줄 수 있는 집안의 어른이 있다는 것이 얼마나 감사한 일인가, 혼자 살아가야 하는 고아의 마음을 너무나 뼈저리게 경험하게 되었다.

2) 엄마가 안 계셨던 날

여덟 살 때 아주 무서운 일이 있었다.

나와 동생만 남겨 놓고 서울을 꼭 가야 했는데 엄마는 걱정이 되어서 친구들을 데리고 와서 밤에 자라고 하셨다. 그때가 11월쯤으로 기억된다. 동네 친구들을 데려다 같이 잠을 자라고 해서 내가 동생도 돌보아야 하고 집도 잘 지켜야 하고 또 밥도 만들어 챙겨 먹어야 하는데 그 당시는 아궁이에 불을 때서 밥을 해 먹고 두꺼운 나무는 화로에 담아서 방에 옮겨서 난로처럼 쓰던 시절이었다.

나는 난로에 불을 담아 방에 옮겨 놓고 화력을 길게 유지하기 위하여 숯이 다 타 버리면 가운데로 모아서 화력을 좀 더 오래 유지하기 위해 부젓가락이라고 젓가락처럼 생겼는데 이것으로 화력을 오래가게 모았다.

옛날에 텔레비전도 없고 라디오도 없고 전깃불도 없던 시절 밤은 정말 길었다. 긴긴밤 귀신 이야기도 하고 이렇게 이불 속에서 재미난 이야기를 하고 지내는 것이 그 시절 밤을 지내는 방법이었다.

나는 친구들과 이런저런 이야기를 하면서 시간을 보냈는데 밤이 깊어지면서 바람 소리가 "쉐~" 소리가 나면서 친구들이 무섭다고 한 아이가 우니까 옆에 있는 아이도 울기 시작하고 점점 무서운 상황인데, 달빛 그림자에 밖의 지붕 끝 처마 밑에 사람이 목매달아서 머리를 풀어헤치고 거꾸로 매달린 모습으로 창밖 처마 밑에서 왔다 갔다 하고 바람 소리는 귀신의 비명처럼 '씽이잉' 하며 멀리서 들리는 부엉이 소리가 정말 무섭고 두려운 밤이었다. 나마저 무섭다고 하면 아이들이 더 크게 울고 바람 소리도 귀신 우는 소리로 들리고 완전 공포의 밤이었다.

난로에 부젓가락이 있으니 귀신이 들어오면 내가 화로에 달구어서 찔러 죽여 버리겠다고 하면서 아이들을 달랬다. 그리고 방문이 쇠고리였는데 고리를 걸고 숟가락을 꽂아서 꼭꼭 잠그고 우는 아이들을 달래고 꼭 끌어안고 거의 뜬눈으로 아침을 맞았다.

바람 소리도 잠잠해지고 아침이 왔다. 문을 열고 밖으로 나가는 것이 무섭고 어떻게 해야 할지 몰랐지만, 내가 앞장서서 부젓가락을 들고 살금살금 나가서 어젯밤에 보았던 '처마 밑에서 왔다 갔다 하던 죽은 시체를 어떻게 해야 하나.' 생각하고 몇 명이 꼭 붙어서 밖에 나가 보니 죽은 시체는 없었고 아무런 일도 일어나지 않았다. '이상하다 밤새도록 왔다 갔다 했던 사람이 어디로 갔단 말인가.'

자세히 살펴보니 지푸라기 풀린 것이 처마 끝에 매달려 있는데 가만히 보니 어제 그 모습과 조금 비슷했다. 달빛에 사람이 죽어 매달린 시체처럼 보였고 머리 풀어헤친 여자의 모습으로 보인 것을 알게 되었다. 너무 어이가 없어서 웃음이 터지고 밤새 긴장하고 두렵게 떤 생각이 힘이 쭉 빠진 일이 있었다.

지금도 그때를 생각하면 어떻게 그런 생각을 하고 감히 귀신을 잡겠다고 생각했는지 모른다. 지금의 영적 전쟁에서도 절대로 마귀에게 지지 않고 죽으면 죽으리라는 믿음을 가지고 도전하면 마귀도 꼼짝 못 하고 떠나가게 된다.

3) 쥐를 잡았다고 자랑하다

초등학교 1학년 여덟 살쯤으로 기억한다. 어느 날 가난한 우리 집에 우리도 제대로 못 먹고 사는데 뒷마당을 지나는데 족제비가 지나가는 것을 보았다.

나는 저놈을 잡아 죽여야겠다고 생각하고 돌멩이를 들고 가 얼마를 기다렸을까 드디어 나타났다.

돌멩이를 준비하고 있다가 때려잡았다. 또 한참 동안 기다리니 한 마리가 나타나서 돌멩이를 던져서 때려잡았다. 또 나타나서 또 때려잡았다. 또 기다렸다. 돌멩이를 몇 개 더 준비해서 얼마를 기다리니 또 나타났다. 다시 그놈도 때려잡았다. 이렇게 하루 종일 아침부터 오후 5시 정도 거의 10시간이나 자리도 뜨지 않고 모두 잡아서 어른께 칭찬받겠다는 마음과 자랑하는 마음으로 옆집 아저씨에게 말했다.

나는 쥐라고 하면서 보여 드렸다. 그런데 옆집 아저씨가 갑자기 호통을 치시는 것이었다.

나는 왜 그렇게 화를 내시는지 잘 몰랐다. 나는 어린 나이에 그것을 쥐라고 생각해 잡아 죽인 것이 '족제비 새끼'였던 것이다. 족제비 어미는 속도가 빨라서 움직이는 속도가 사람들에게 제대로 안 보이는데 새끼니까 쥐 정도의 속도이기 때문에 내 손에 잡힌 것이다.

옆집 아저씨가 야단치시면서 "쥐 잡아먹는 족제비를 저것이 다 잡아 죽였다."고 호통을 치면서 엄마에게도 말하면서 크게 나무라셨다.

나는 '우리의 원수 쥐는 반드시 없애야 한다. 우리의 양식을 모두 훔쳐 먹는 것이기 때문에 모두 죽여야 한다.'는 생각에 열심히 잡았는데 잘못 아는 지식이 큰 실수가 되었다.

4) 길 가운데에서 구렁이를 만나다

이때는 일곱 살쯤인 것으로 기억된다. 엄마가 심부름으로 주전자에 물을 떠 오라고 시킨 것 같다. 들과의 거리는 30분 정도 걸어서 동네에 가야 하는데 큰 주전자에 물을 가득 담아서 30분쯤 걸어가는데 아까 지나왔던 길 가운데 구렁이가 똬리를 틀고 꼼짝도 안 하고 있는 것이다. 도로 폭은 약 2m 정도의 경운기 1대 정도 지나가는 논둑길에서 뱀을 만난 것이었다. 다른 길이 없고 다른 길로 간다는 것은 논으로 빠져야 하는데 이것도 쉬운 일이 아니라서 돌멩이를 들고 뱀이 있는 곳으로 몇 번을 던져도 꼼짝도 하지 않는 것이다.

'어떻게 할까? 뒤돌아 집으로 가야 하나? 그러면 들에서 일하고 있는 엄마가 너무나 목이 마를 것이고 이것을 가지고 가야 하는 데 또 주전자도 너무 무거워서 겨우 들고 가는데 저 구렁이 때문에 어떻게 해야 하나?' 여러 가지 생각을 해 보았다.

아주 빠른 속도로 그 옆으로 지나가는 수밖에 방법이 없다고 생각하고 있는 힘을 다해 빠른 속도로 그 옆을 지나갔다. 정말 너무 무서웠고 뱀이 쫓아올까 봐 얼마나 심장이 떨렸던지 절대로 잊어버릴 수 없는 기억이다. 어른이 되어서 남다른 담력이 있는 것도 어린 시절 이런 것들이 훈련되어서 그런 것 같다는 생각이 든다.

5) 엄마의 일을 도와드리려는 마음에

엄마는 들에서 밭을 매고 계셨다. 나는 엄마의 일을 조금이라도 도와드리고자 하는 마음에 오이를 무치고, 호박을 볶고. 된장국을 끓이고. 당시 밥은 불을 때야 하는 가마솥 밥이었다.

큰 대야에 이것저것 반찬을 담아서 머리에 이고 논두렁길을 따라 걸어서 엄마가 일하는 곳으로 가서 점심을 맛있게 드시게 했다.

엄마께 가져다 드리면 들에서 일하는 사람들이 칭찬해 주셨다. 그리고 어떤 때는 이불을 빨아서 네 귀를 맞추어 꿰매 놓았는데 네 귀를 정확하게 맞추지 못해서 삐뚤게 꿰매 놓았던 적도 있었다.

이불 꿰매는 것은 두 사람이 같이 해야지 혼자서는 거의 맞추기 힘든 일이다.

어린 나이에 겁 없이 그것을 하겠다고 도전하고 몇 시간이 걸렸는지 모른다. 반듯하게 맞추는 것이 이쪽으로 하면 저쪽이 틀리고 더 이상 할 수 없어서 마무리를 지었었다.

또 어린 시절 리어카를 끌고 들로 나가서 땅콩 자루를 리어카 가운데 하나, 양쪽 두 개 위에 한 개씩 다시 얹어서 밧줄로 묶어 모래 위에 땅콩 담은 리어카를 끌면 앞에서 끄는 사람의 몸이 보이지 않았다. 엄마는 밀고 나는 끌어서 40분 거리 정도를 끌고 오는데 가장 힘든 것은 무겁기도 하지만 모래밭을 지나면 땅이 푹푹 들어가므로 바퀴가 굴러가지 않아 더 힘들다. 엄마는 있는 힘을 다해 밀고 겨우 끌고 나오는 때가 종종 있었다.

땅콩 농사를 지을 때, 땅콩을 뽑아 거꾸로 놓고 말린다. 땅콩이 빨리 말

라야 하기 때문에 2주는 들에 움막을 치고 잠을 들에서 자야 한다. 참외
는 원두막을 쳤다면 땅콩은 땅을 파서 움막처럼 만드는 것이다. 이것도
엄마와 나의 몫이었다. 이렇게 하지 않으면 누가 훔쳐 가기 때문이다.

당시 군인들이 나타나면 그동안 힘들게 지은 땅콩을 군용 트럭에 모두
담아 가기 때문에 엄마와 내가 밤을 지내며 삼 일 정도 지켜서 말린 것을
따서 담아 가마니에 싣고 집에 와서 도매하는 사람에게 팔았던 것 같다.

20~30가마를 팔아 1년 먹을 쌀을 한 가마니 사고 기본 비상금 정도 남
을 정도로 날품 팔아 살아야 하는 너무도 가난한 생활이었고 우리 집에
는 전혀 돈이 생기지 않았다.

한 번도 용돈을 받아 본 적도 없고 학용품도 제대로 사 보지 못했다.

학용품은, 학교에서 미술 그리기에서 대회에서 일등상을 탄 적이 있었
고, 또 학업 우등상, 체육 대회 상, 소풍 상 등. 모두 상을 받은 것으로 공
책과 연필을 해결하고 육성회비는 항상 내지 못해서 늘 일어서서 혼나야
했다. 학교에서 공부는 일등을 하지만 너무나 가난해 미술 준비물과 육
성회비 모두 돈 내는 것은 할 수 없는 형편이었다.

동네에서 "누구의 손녀딸이 일등을 하는데." 하며 칭찬을 듣지만, 할아
버지는 동네에서 이름난 구두쇠여서 전혀 용돈을 주시는 일이 없었고 일
하는 날, 밥 얻어먹는 정도였다. 일이 있을 때마다 엄마는 가서 일해 주
곤 하셨다. 나보다 한 살 아래의 외삼촌이 있었는데 같은 학교 같은 반이
어서 나는 상을 타 오는데 삼촌은 못 타 온다고 할아버지께 꾸지람 들으
면 뒤에서 삼촌은 나를 미워하고 때리고 나를 매우 괴롭게 했었다.

어린 시절 나이로는 내가 한 살 더 먹었지만, 삼촌이기 때문에 존댓말
을 하였고 학교를 한 살 늦게 다녀서 아홉 살의 1학년이었다. 한 살 더

먹어서 그런지 이해력이 빨라서 수학을 잘하고 한 번 본 것은 거의 잘 따라 하였으며 그림을 그리면 너무나 똑같이 그린다고 다들 신기하다고 했었다.

청소도 유리창을 닦으라고 하면 유리를 너무나 깨끗이 닦아서 아무것이 없는 것처럼 닦아 놓는다고 칭찬을 듣곤 했다.

미용사가 되다

예레미야 33:2~10

2. 일을 행하시는 여호와, 그것을 만들며 성취하시는 여호와, 그의 이름을 여호와라 하는 이가 이와 같이 이르시도다.

3. 너는 내게 부르짖으라. 내가 네게 응답하겠고 네가 알지 못하는 크고 은밀한 일을 네게 보이리라.

9. 이 성읍이 세계 열방 앞에서 나의 기쁜 이름이 될 것이며 찬송과 영광이 될 것이요 그들은 내가 이 백성에게 베푼 모든 복을 들을 것이요 내가 이 성읍에 베푼 모든 복과 모든 평안으로 말미암아 두려워하며 떨리라.

10. 여호와께서 이와 같이 말씀하시니라 너희가 가리켜 말하기를 황폐하여 사람도 없고 짐승도 없다 하던 여기 곧 황폐하여 사람도 없고 주민도 없고 짐승도 없던 유다 성읍들과 예루살렘 거리에서 즐거워하는 소리, 기뻐하는 소리, 신랑의 소리, 신부의 소리와 및 만군의 여호와께 감사하라, 여호와는 선하시니 그 인자하심이 영원하다 하는 소리와 여호와의 성전에 감사제를 드리는 자들의 소리가 다시 들리리니 이는 내가 이 땅의 포로를 돌려보내어 지난날처럼 되게 할 것임이라 여호와의 말씀이니라.

1) 열여섯 나이에 서울로 상경하다

초등학교를 졸업하면 서울 가서 돈 벌어 엄마에게 드리는 것이 나의 꿈이었는데 졸업 후 양장 기술을 배울까, 미용 기술을 배울까, 이런저런 이야기를 하곤 했었다.

하루는 우리 동네에 멋쟁이 아줌마가 나타났다. 시골에서는 특별한 사람이 오면 동네 아이들이 구경하고 쫓아갔다.

우리 집은 동네 입구에 있어서 누가 오면 제일 먼저 안다. 어디로 가나 보니 우리 고모네 집으로 갔다. 얼마 후 고모가 우리 집에 와서 나를 오라고 부르더니 그 아줌마를 소개하고 미용 기술을 가르쳐 준다는 것이었다. 그다음 날, 난 그 아줌마를 따라 서울에 와서 그 집 살림살이를 해 주고 낮에 미용실에 나가서 일을 도와주면서 기술을 배우게 되었다. 아이들이 둘이고 삼촌이 함께 살고 여섯 식구였다. 아이들은 초등학생과 유치원생이어서 빨래가 많았다.

그 당시 모두 손빨래를 했고 찬물에 빨아야 했다. 고무장갑이 없던 시절이었고, 있어도 비쌌기 때문에 손이 너무 시리면 연탄불 위의 더운물에 손을 넣었다가 다시 찬물에 빨고 이렇게 해서 빨래를 했었다. 얼마나 고생이 심했는지 어린 마음에 아버지 없는 것이 너무나 서러웠다. '아버지가 계셨다면 이렇게 고생은 안 해도 되는데.' 하는 생각에 죽고 싶은 생각을 매일 했다. 하지만 '내가 죽으면 엄마는 어떻게 하고 불쌍한 동생은 누가 도와주겠는가?' 생각하니 눈물만 나고 정말 힘든 나날이었다. 일이 끝나면 오후에는 미용실 가서 미용실 보조로 여러 가지 청소나 미용실의 일이 있기 때문에 하루 종일 쉬는 시간이 없었다.

미용실도 얼마나 손님이 많은지, 일주일 만에 '마샬'과 '컬'이라는 연한 불에 달구어서 사람이 머리카락에 종이를 대고 말아 컬을 만들면 주인이 고데기를 가지고 모양을 만들어서 멋진 사람으로 바꾸어 놓았다. '오드리 헵번'의 올린 머리인 '후까시'를 잔뜩 넣어서 부풀린 머리를 생각하면 된다.

이것은 옛날 영화에 나오는 머리를 만드는 것이다. 47년 전 이야기이다. 이런 손님이 제일 많아서 먼저 배운 것이 컬 만드는 것인데 고데기 열 조절을 잘해야 한다.

안 그러면 머리카락이 다 타 버린다. 몇 번 태운 적이 있지만 몇 번의 실수 후, 아주 잘하게 되었다. 어려서부터 무엇이든 한 번 보면 잘하는 눈썰미가 있어서 파마하는 것도 잘했다. 너무 일을 많이 했는지 손가락 지문이 모두 닳아 없어졌다. 얇아진 손바닥이 뜨거운 고데기에 손을 데게 되어서 굳은살이 생기고 이렇게 6개월 정도 한 것 같았다.

어느 날, 병이 났는데 나는 어려서부터 병이 나면 온몸이 쑤시고 열이 39도 밤마다 귀신과 허깨비가 보이고 식은땀을 흘리면서 아주 많이 아파서 학교 다닐 때도 모든 상은 다 탔는데 개근상을 6학년 때 한 번밖에 못 탔었다. 너무 아파 이렇게 삶과 죽음을 넘나드는 상황에서 몸을 움직이지 못하기 때문에 학교를 못 갔다. 6학년 때는 술에 취한 사람이 비틀거리듯 하면서 나는 절대 개근상을 타야 한다며 이를 악물고 학교에 갔었는데 선생님이 보시고 빨리 집에 가서 쉬라고 하셔서 조퇴하고 집에 와 겨우 상을 타게 되었다.

그런데 서울에 와서 이런 병이 나게 되었다. 음식은 하나도 안 넘어가고 열은 펄펄 나고 왕모래 씹는 것 같아 도저히 음식을 넘길 수가 없었다. 그래도 미장원에 나와야 한다고 해서 나갔는데 밤에 어떤 손님이 나에게 카스테라 빵과 우유를 사 주면서 이것 먹고 힘내서 일어나라고 남의 집에 살면서 아파 누우면 주인이 안 좋아한다고…. 처음 먹어 보는 카스테라 얼마나 부드러운지 입안에서 살살 녹는 맛은 정말 지금도 잊을 수가 없다. 우유와 함께 먹던 카스테라 빵. 평생 잊지 못하고 이름도 모르는 그분께 정말 고마웠다. 그때 이후는 아파도 이를 악물고 모래알 같은 어떤 음식이라도 삼켜서 넘기니 배에서는 소화가 되고 에너지가 되기 때문에 쓰러지지는 않고 열은 많이 나는데 먹으면서 움직이니 병을 이기게 되었다.

2) 다른 미용실로 옮기게 되다

그 후 이곳 미용실 원장이 곗돈을 타 먹고 도망갔다고 하면서 미용실 문을 닫게 되었고 서울 온 지 6개월 만에 다른 미용실로 옮기게 되었다.

답십리 미용실은 먹고 자면서 미용실과 집이 같이 붙어 있어 부지런히 집안일을 해 놓고 기술 배우는 것이 재미있었다. 예전에 있던 집에서는 살림하고 아이들 돌보고 하면 오후에 나와서 저녁 늦게 끝나지만 여기는 바로바로 일하면서 손님을 받으니 1년 지나 초급 기술자 정도 되어서 어딜 가나 이제 기술자 대접을 받게 되었다. 이제는 손님만 받는 미용사인 일류 미용사 밑에 중급 미용사 내 밑에 초급으로 배우는 시다 견습생도 있는 상황이었다.

주방일도 할 시간이 없을 정도로 손님이 많아졌다. 내 나이 십칠 세 때였다. 학생들이 그 당시 단발머리를 했는데 이제 내 단골손님도 많아졌다. 그 당시 바람머리인 유지인 머리가 유행했었다.

어느 날, 더 좋은 기술자가 되려면 시내에서 배워야겠다는 생각에 종로에 더 낮은 월급을 받으면서 기술을 배우려고 종로에 가서 취직했다.

그때 처음으로 드라이가 나와서 시내에서는 드라이로 머리를 하는 때였다.

개업한 지 2년이 넘은 미용실에 취직했는데 이때 드라이기가 처음 나와서 시내에서는 이것으로 머리를 하는데 변두리는 고대기로 머리를 해 주게 되면 딱딱하고 자연스런 맛이 없다고 하던 때였다.

시내에서 여러 가지 드라이 기술을 열심히 배우고 익혔는데 이때는 변두리보다 월급을 적게 받아 점심 먹을 돈이 없어서 굶고 일하고 저녁에는 답십리 있던 곳에서 숙식하며 생활했었다.

기술을 이곳에서 출퇴근하면서 배우는데 적어진 월급과 교통비, 엄마께 보내 드리는 돈은 고정으로 하다 보니, 점심 먹을 돈이 없고 소보로 빵이 오십 원이었는데 점심시간에 그 정도의 여분만 있었다. 상점 주인이 '이것이 점심인가 보다.' 생각할까 봐 부끄러워서 그것도 먹으러 갈 수 없어졌고 그다음부터는 굶고 일을 했다. 저녁에 버스를 타고 집에 오면 휘청거리면서 쓰러질 것 같은 때도 많이 있었다.

3) 미용실 원장이 되다

내가 열아홉 살에 이렇게 나의 발전을 위해서 고생해 가면서 종로에 나가 기술 배운다고 했는데 예전에 함께 근무했던 언니가 이문동에 미용실을 차렸다고 한번 오라고 하였다. 그곳을 방문했는데 자기는 자신이 없다며 "네가 다 알아서 일하고 돈은 나중에 줘라." 하고 그 길로 본인은 그 집에서 나가 버렸다. 나는 갑자기 그 집에서 미용실을 지켜야 하는 상황이 되었다.

당시 미용실 권리금이 사십만 원에 보증금이 사십만 원이었고, 월세가 삼만 원이었다. 쪽 마루방이 있고 미용 의자 두 개 있는 작은 미용실이었다. 거절을 못 하는 체질이라 못한다고 말도 못 하고 얼떨결에 일하게 되어 걱정이 태산이었다.

미용사 월급 삼만 원 받았는데 이곳에서 삼만 원이 은근히 걱정되었다. 이때가 열아홉 살 11월이었다. 머리 커트 비용 오백 원, 파마 이천 원, 어떤 날은 한 명도 손님 없이 지나가는 날도 있었다.

일단 하루 천 원은 반드시 저축하여 목돈을 만들어야겠다는 생각에 손님이 오시면 천 원을 제1 지출로 정해 놓고 천 원이 안 되면 돈을 하나도 안 쓰고 악착같이 모았다. 울기도 많이 울고 마음 졸이기도 얼마나 졸였는지 하나님을 부르면서 기도를 저절로 하게 되었다. 그런데 한 달이 지나는 동안 정산을 해 보니, 이십칠만 원을 벌게 되었다.

두 달째 사십만 원을 벌게 되었고 3개월 되니 팔십만 원을 벌게 되었다. 3개월 만에 권리금 사십만 원과 보증금 사십만 원을 모두 갚게 되었고 혼자서 이 정도 수입으로 손님을 받게 되니 주말은 바빠서 밥도 못 먹고 명절에는 아예 일주일 정도 밥을 못 먹으면서 계속해서 손님이 새벽 5시부터 밤 10시까지, 겨우 대충 한 끼 먹고 자고 하니까 위장 장애가 오고 질병이 오게 되었다. 심장병과 위장병, 그리고 위궤양, 위경련이 오는 상황까지 이르렀다.

이제 동생이 고등학교도 가야 하고 그동안도 점심 먹지 못하고 돈을 벌어서 동생을 중학교에 보냈는데 고등학교는 서울에서 다니는 것이 좋겠다 싶어서 서둘러 동생을 전학시키게 되었다.

그러다가 엄마도 서울로 이사해서 우리 가족이 함께 살기 위한 생각을 하게 되었다. 내 나이 스무 살 때였다. 엄마와 함께 살려면 한 달에 팔십만 원이 드는데, 그동안 모은 돈이 이백만 원 정도 되어서 '이백만 원을 더 벌면 되겠다.' 생각하고 방이 붙어 있는 미용실이 있는 장소로 선택하여 옮기기로 결정했다.

정말 우리 가족은 이제 행복하게 되겠다는 생각에 이백오십만 원을 들어서 면목동에 방이 있는 미용실로 장소로 옮기게 되었다. 하지만 행복할 것만 같았던 우리 가족은 매일매일 싸우는 날이 계속되었다.

경험이 부족하였고 그 계산은 나 혼자만의 계산이었다. 미용실을 잘못 선택해서 한 달에 이십오만 원도 못 버는 상황이 되었다. 속아서 잘못 이사 온 것이었다. 경제적으로 부족하고 그동안 떨어져 살았던 엄마는 동생이 사춘기가 되면서 엄마는 잘 알지도 못하면 간섭하시고 우리는 생지옥을 맞게 되었다.

항상 어머니는 무엇인가 잘못을 하면 3일은 같은 말씀을 하시면서 스트레스를 너무 많이 주셨고 동생도 적응이 안 되어 힘들어했다. 서로 비난하고 싸우고 경제적으로 쪼들리고 동생학교 학비도 모자라고 살아 보니 엄마는 욕을 하고 시골의 촌스러운 모습 등은 견디기 힘든 상황이었다. 다른 어른들의 조언을 구할 때도 없고 재료상 아저씨 말만 믿고 산 것이 실패의 원인이 되었다. 3년 동안 너무나 많은 고생을 하다 모두 포기하고 '친척 어른들이 있는 곳으로 이사 가야겠다.'는 생각을 하고 이모가 사시는 마천동으로 이사를 했다.

이곳에서 깨달은 것이 몇 개가 있다. 너무 어린 나이에 무엇이나 생각대로 잘되니까 '내가 알아서 잘하는데.' 이렇게 생각하고 누가 조언해 주는 사람이 없었다는 것이다. 또 다른 사람하고 의논하고 해야 했었는데 사람들과 교류가 부족하다 보니 실수하게 된 것이었다.

엄청난 실수를 하면 그것을 만회하는 데는 정말 큰 대가를 치르는 것이다.

우리가 신앙으로 살면서 서로를 진심으로 품어 주고 도와주려고 하는 교회 공동체밖에 없는데 이 세상에서 내가 배운 지식과 내가 아는 것뿐만이 아니라 주변에 진실한 어른들이 있다면 그 사람은 참으로 복 있는 사람이다.

나는 어린 나이에 큰 실패를 통하여 3년을 죽을 고생을 하고 모든 돈을 소진해 버리고 깨달은 것은, 이제 지난날을 돌아보면서 더불어 사는 삶, 서로 사랑하고 돌보아 주면서 사는 삶이 얼마나 소중한 삶인지 알게 되었다.

부모는 나를 가까이서 나를 잘 알면서 진심으로 내 편에서 말해 주는 분이다. 최소한 부모만큼은 자식에게 사기 치거나 이용하려고 하지 않는다. 자식은 부모가 재산이 많거나 하면 이용하려고 하거나 순수성이 없는 마음을 가지고 대할 수 있다. 그런데 부모는 그렇지 않다. 사람은 사회적 동물이라고 사회 속에서 배우고 익히면서 깨달아 알아 가는 것이다.

4) 눈물이 강물처럼

나는 열여섯 나이에 서울에 올라와서 다시 고향을 갔다가 서울 올라올 때도 울지 않았다. 처음 서울 올라와서 죽고 싶다고 생각하면서 살 때도 그리 많이 울지는 않았었다. 그런데 모든 것을 접고 저 시골 같은 마을 마천동으로 가야 한다고 생각하면서 '이제 내 인생은 끝난 것이 아닌가.' 하고 거의 3일간 계속 끊임없이 눈물을 흘렸다. 아마 모든 실패를 경험하고 희망이 없다고 생각하거나 이런 상황을 경험해 본 사람은 느껴 보았을 것이다. 너무나 끝없는 절망감 앞에 모든 희망이 사라진다고 생각하니 그렇게 많은 눈물이 나온 것 같았다. 그 당시 내가 이제 변두리로 가면 사람이 어디에 사느냐에 따라 운명이 달라지는데 그곳에 가면 어떤 사람들이 살겠는가? 이런 이유 때문이었다.

지금은 도시가 많이 평준화되었고 이제는 시내 변두리 큰 차이가 없지만 어떤 사람은 자기가 강남에 살아야 좋은 일이 생긴다고 강남에 가서 놀고 강남 사람인 척하고 그런 시절이 있었다. 그 당시 내 생각에서 그렇게 생각하다 보니 절망감이 너무 많이 나를 지배했던 것 같았다.

그때 이후로 많이 울지도 않고 '절대 눈물을 흘리지 않겠다.'라고 다짐했었다. 하나님을 알고 나니, 은혜의 눈물이 강물처럼 흘러넘쳐 날마다 감격하며 끝없이 눈물을 또 흘리게 되었다

주님 영접 교회에 가다

고린도후서 5:15~19절

15. 그가 모든 사람을 대신하여 죽으심은 살아 있는 자들로 하여금 다시는 그들 자신을 위하여 살지 않고 오직 그들을 대신하여 죽었다가 다시 살아나신 이를 위하여 살게 하려 함이라.

16. 그러므로 우리가 이제부터는 어떤 사람도 육신을 따라 알지 아니하노라. 비록 우리가 그리스도도 육신을 따라 알았으나 이제부터는 그같이 알지 아니하노라.

17. 그런즉 누구든지 그리스도 안에 있으면 새로운 피조물이라 이전 것은 지나갔으니 보라. 새 것이 되었도다.

18. 모든 것이 하나님께로 났으며 그가 그리스도로 말미암아 우리를 자기와 화목하게 하시고 또 우리에게 화목하게 하는 직분을 주셨으니.

19. 곧 하나님께서 그리스도 안에 계시사 세상을 자기와 화목하게 하시며 그들의 죄를 그들에게 돌리지 아니하시고 화목하게 하는 말씀을 우리에게 부탁하셨느니라.

마태복음 5:8절

마음이 청결한 자는 복이 있나니 그들이 하나님을 볼 것임이요.

1) 신축 건물로 미용실을 옮기다

이제는 다른 사람에게 도움도 요청하고 의논해서 상권도 좋은 목욕탕이 있는 장소인 신축 건물로 스물셋 나이에 가게 되었다. 건물주는 알고 보니 동네 깡패로 남의 재산 탈취해 떼먹는 그런 사람이 지은 건물이라고 했다.

얼마나 많은 사람들이 이 사람에게 돈을 떼였는지 그런데 나는 다섯 번째로 내가 계약을 하게 되었고 미용실을 할 수밖에 없었다. 하지만 보증금은 받을 생각을 포기해야 하는 상황이었다. 그래서 일하는 동안 돈이나 많이 벌어서 본전이라도 찾아야겠다는 생각으로 마음먹었다.

내가 들어갈 무렵에는 건물이 완공되어 목욕탕이 문을 열어 손님이 많아지게 되었고 면목동에서 싸움만 하던 우리 집이 이곳에서는 바쁘니까 그때보다는 나은데 그래도 여전히 가정은 평안이 없었다. 돈은 많이 벌었지만, 돈이 많다고 행복한 것이 아니었다. 엄마는 늘 누가 잘못을 하기라도 하면, 밤에 자는 사람을 깨워서라도 당신이 하시고 싶은 만큼 다 야단치고 욕하고 해야 풀리고 같은 말도 3일 이상을 계속해서 말씀하시는 분이셨다.

동생은 사춘기였고 학교에서 배운 대로 세상이 마음대로 되지 않으니 이 세상을 다 없애 버리겠다며 정말 그 당시 나는 근친살인과 모두 한꺼번에 자살하는 가족들의 마음을 백번 이해할 수 있었다.

종종 뉴스에 보면 끔찍한 상황들처럼 언제 우리 집이 그런 뉴스에 나올 것 같은 상황이었다. 나의 삶은 지옥이요 빨리 죽는 것이 행복이고 평안이겠다는 생각이 들 정도였다.

그때부터 밥을 못 먹거나 불규칙적인 생활로 인해 만성 위장병, 심장병 등 소화불량과 잦은 질병이 찾아왔다. 감기약만 먹으면 휘청휘청 술에 취한 사람 같은 상황이었고 그 무렵 손님들이 나를 전도하면서 말을 붙였지만, 미용실이 너무 바빠서 교회 가고 싶어도 도저히 시간이 없는 상황이었다.

그런데 예수님을 안 믿고 죽으면 지옥에 간다는 것이다. 나는 아무 소원이 없었다. 우리를 키우느라 고생하신 엄마께 노후 대책으로 3층짜리 집하나 사서 두 개 층 세놓으면 노후 대책은 되고 동생 공부시켜서 제 갈 길 열어 주면 내가 할 일은 다 한 것이니까 나는 죽어도 여한이 없다고 생각하니 성경책을 읽고 싶었다. 그래서 친구에게 성경책을 빌려서 읽기 시작했다

나는 책 읽기를 너무 좋아했다. '동생 대학을 마치면 그때는 내 공부를 해야지.' 이런 생각을 하고 있었다. 그래서 책 읽는 것을 아주 좋아했는데 내가 성경을 읽어 보겠다고 결심하고 나니, 나에게 좋은 책을 선물해 주는 사람이 많았다.

그때 나는 결심했다. 내가 성경을 한번 완독하기 전에는 절대 다른 책을 안 읽겠다고 다짐했다.

왜냐하면, 내가 성경을 한 번도 읽어 보지 않고서 하나님이 있다, 없다 말할 수 없다고 생각했다. 또 성경을 읽으면서 하나님이 계시면 나는 한번 만나야겠다는 생각에 손님이 없고 시간만 나면 성경을 읽게 되었다. 그런데 '신명기'쯤 읽을 때 하나님이 정말 계신 것 같았다.

그런데 어디를 가야 할지. 당시 교회는 마음에 안 들고 천주교에 가야겠다고 생각하고 천주교 다니는 사람에게 나를 좀 데려가 달라고 해도

데려가는 사람이 없었다. 나는 할 수 없이 혼자 새벽기도를 가 보기로 마음먹었다. 미용실에서 가까운 교회를 나가면 귀찮게 할까 봐 좀 멀리 떨어진 곳에 많은 사람들이 다니는 그런 교회를 나가면 나를 몰라볼 것이라 생각하고 15분 정도 걸어서 가는 교회를 새벽 4시 반에 일어나서 다녔다.

하루 종일 손님 받고 너무 피곤했지만, 하나님에 대하여 결론을 내야 했기 때문에 매일매일 일어나서 새벽기도를 나갔다. 매일 한 장씩 성경을 읽고 목사님이 풀이해 주시는데 이해가 잘되고 하나님이 정말 살아계신 것 같았다. 어느 날, 철야기도도 있다는 이야기를 누가 해 주었다. 저녁 10시에 교회에서 예배하고 기도하는 것이라고 했다.

나는 일하는 시간에 지장만 없다면 내 육신이 피곤한 것은 상관없다고 생각하고 철야기도회에 참석했다. 철야는 또 다른 분위기의 예배로 찬송을 많이 부르고 큰 소리로 기도도 하고 밤이 늦도록 시간을 보내니 여유 있게 궁금한 것은 묻기도 하는 시간이었다. 다른 사람들이 박수치며 찬송하는 모습을 보면서 나는 나름 초보 티를 안 내려고 팔을 넓게 벌리면서 손뼉을 억지로 치고 있었다. 어느 순간 박수를 멈추려 해도 내 의지와는 다르게 손뼉이 계속 쳐지는 것을 느꼈다.

2) 산기도 철야기도회 (마 5:8)

철야기도회에는 젊은 사람이 없었다. 하지만 나는 하나님을 만나 보아야 하고 내가 생각한 것은 최선을 다해 하나님을 찾아보고 최소한 3개월은 좀 열심을 내 보고 그래도 안 되면 접더라도 최선을 다하지 않고 결론을 내릴 수는 없다고 생각했다. '마음을 다하고 힘을 다하고 정성을 다하여 주 너의 하나님을 찾으면 만나리라.' 생각하고 무릎이 아픈데도 펴지 않고 더 억지로 기도하고 손깍지를 얼마나 힘주어서 꼈는지 손에서 자국이 지워지지 않을 만큼 그렇게 기도했다.

어느 날, 특별 철야기도를 다른 장소인 산으로 간다는 것이었다.

나도 가도 되느냐고 어느 분께 여쭈니 된다고 하셔서 따라나섰다.

목사님의 철야기도 메시지는 "하나님이 여러분을 도우려고 하시는데 간절히 하나님을 찾으세요. 그리고 알게 모르게 지은 모든 죄를 용서해 달라고, 나를 만나 달라고, 아주 간절히 기도하세요."라고 하셨다.

목사님 말씀처럼 온힘을 다해 기도했는데 기도하다 보니 이제 별로 기도할 내용이 없어서 목사님이 기도하신 내용을 따라서 기도하던 중에 내 영과 내 몸이 분리되어서 아름다운 찬양을 하는데 성악가처럼 노래를 부르는 소리가 들리는 것이었다. '모인 분들은 모두 노인들인데 누가 이렇게 예쁜 목소리로 방언으로 노래를 부르나?' 싶었는데 그게 바로 '나'라는 것을 알게 되었다. 목사님이 강대상에서 종을 치시니 기도가 멈추었고 내 몸의 아팠던 위궤양과 심장병 증상이 사라지고 전혀 아프지 않으면서 '하나님이 살아 계신다.'는 확신이 들게 되었다.

너무 기뻐서 그때부터 사는 목적이 달라졌고 목사님의 설교를 통해서 나쁜 생각과 하나님이 기뻐하지 않는 생각 등을 하나씩 버리면서 또한 하나님이 기뻐하는 일인 '그의 나라와 그의 의를 구하라.'고 '때를 얻든지 못 얻든지 전도하고.', '기도하면 무엇이나 들어주신다.'고 해서 기도하면 응답을 받았다.

그러면서 교회 다니는 것이 신나고 재미있었다. 그리고 그때부터 '내가 무엇을 해서 하나님을 기쁘시게 할까.' 생각하니, 하나님이 가장 기뻐하시는 일은 바로 '전도하는 일'이라는 것을 알게 되었다. 그래서 미용실에 오시는 손님들에게 "하나님이 계신 것 같아요?" 하고 의견을 물어보며 때로는 서비스를 더 해 드리고 복음을 전하고 간증하고 날마다 기쁨이 넘쳤고 삶의 이유 등을 이야기하면서 전도하기 시작했다.

그리고 전도를 더 잘하기 위해 손톱 소지(네일아트) 손님이 없을 때 '당신은 내 복음을 들어야 할 때'라고 생각하면서 한 가지씩 추가로 더 해 주며 전도하고 나에게 일어난 일들을 매일매일 이야기해 주는 것이 전도라고 생각했다. '믿음은 들음에서 나고 들음은 그리스도 말씀에서 난다.'는 생각에 동생이나 엄마께도 목사님 설교를 들은 이야기 중에 '이 사람이 들으면 믿음이 되겠구나!' 한 것을 말해 주었다. 한 번 듣고 두 번 듣고 자꾸만 듣다 보면, 어느 순간 '나도 기도해 볼까?' 하는 생각이 들 것이라 믿었다.

그래서 친척 집에 방문할 때도 '어떤 어려운 문제가 없을까?' 생각하고 '그때 복음을 말하면 되겠다.'는 생각을 하면서 오직 내 머릿속에는 '하나님이 기뻐하실 것이 무엇일까?' 하는 생각만이 가득했다.

하나님이 가장 기뻐하는 것은, 때를 얻든지 못 얻든지 전도를 하는 것을 가장 기뻐하시고 이렇게 나는 주님이 기뻐하는 일을 계속하게 되었다. '네가 주님의 일을 하면 주님도 내 일을 해 주신다.'는 말씀처럼 그래서 언제나 내 소원은 이루어졌다. 무엇이든 안 이루어진 것이 없었다.

그러더니 점점 사람들에게 하나님이 보이기 시작했다. 내가 말한 대로 무엇이든지 응답해 주셨고 누구든 문제가 있으면 "걱정하지 마라. 내가 도와줄게. 나와 같이 기도하자. 반드시 하나님이 도와주시니까." 이렇게 하나님은 나의 든든한 빽이요, 무엇이든 그분에게 부탁하면 해결해 주시는 분이셨다. 그 후부터 나의 모든 삶이 바뀌고 목적이 달라졌으며 미래가 완전히 달라지게 되었다.

3) 반드시 해야 할 일 마음에 품고

이렇게 성령 체험을 하고 기뻐하면서 사람들에게 "하나님이 계신 것 같으냐?"고 하면서 복음 전하고 자랑하는데 '그것은 착각이야. 마음에 간절히 원하면 환상도 보이고 이루어지는 거야.' 이런 생각이 들었다.

마귀는 나에게 이런 생각이 나게 하고 나의 믿음을 흔들리게 한다.

그런데 교회에 가면 너는 새로운 피조물로 바뀌었다. 이전 것은 지나갔으니 보라. 새것이 되었도다.

교회 가면, '목사님이 우리 집에 오셨었나? 내가 혼자 속으로 말한 것을 어떻게 아시지?' 온종일 아무도 만난 사람이 없는데 하나님은 목사님께 나의 이야기를 전달해 준 것처럼 말씀하시는 것이다.

그러시면서 하나님을 의심하는 게 큰 죄를 짓는 거라고 말씀하셨다. 그래서 회개하면 하나님이 또 기도 응답해 주셨고 또 기쁨 주시며 또 표적이 나타나고 성경은 밥 먹듯이 읽고 새벽기도도 계속 다녔다. 하나님이 "네 소원이 무엇이냐?", "다 아시지요. 저의 소원은 엄마를 위해 집을 사는 것입니다." 이것은 내가 결혼하기 전에 반드시 해야 할 일이라고 마음에 품고 있었는데 하나님이 도와주시겠다는 생각이 들면서 기도하라고 하는 마음을 주셨다.

이렇게 전도를 하면서 먼저 회개하고 하나님이 싫어하는 모든 것을 버리고 하나님이 기뻐하시는 그의 나라 그의 의를 구할 때, 이 모든 것을 하나님이 더 하신다는 말씀을 따라 기도하며 날마다 나아갔다. 하나님이 도와주셔야 한다는 것을 알기 때문에 온 마음을 다하고 온힘을 다하고 정성을 다해 아주 간절히 기도하면서 마음에 하나님이 기뻐하지 않는 생각이나 행동들이 생각나면 회개하고 다시 간절히 구하였다.

그리고 엄마께도 최선을 다해서 잘해 드렸고 엄마가 욕하고 엉뚱한 소리나 윽박지르시면 그것은 마귀가 한다고 생각하고 "예수그리스도 이름으로 명하노니. 마귀야 물러가라. 억울하게 억지 쓰며 엉뚱한 소리 하는 원수 마귀는 예수 이름으로 엄마에게서 나와라." 하고 대신 회개하고 "하나님이 마음을 움직여 주세요." 이렇게 하면서 하나님께 기도하면 하나님은 소원을 두고 나의 마음속에 거룩하지 않은 행동이나 생각, 마음 등을 계속 걸러 내면서 하나님 말씀대로 기도하고 전도하게 하셨다. 하나님은 나에게 소원대로 해 주신다는 말씀을 하시며 계속 기도하게 하셨다.

당시 소원은 3층짜리 집은 사고 싶었지만, 돈이 모자라 살 수 없어서 무허가 일천만 원 정도면 살 수 있는 집이 있었다. 그런데 계약하려고 하면 안 판다고 하던지 다른 변수가 생겼다. 집을 계약하려고만 하면 안 되고, 그렇게 자꾸 안 되는 집이 몇 번이 되면서 3개월이 지났고 그사이에 미용실은 점점 잘 되어서 삼백만 원을 가지고 집을 사려고 했는데 천만 원이 넘게 돈이 모이게 되었다. 말씀대로, 소원대로, 약속한 대로, 이루신다고 하시더니 정말 3층짜리 집 22평에 15평 3층 집을 사게 되었다. 1층과 2층을 세를 놓고 대출을 받아 당시 삼천팔백만 원이 되는 집을 살수 있게 되었다. 대출받고 전세 놓으면 살 수 있는 내 돈이 천만 원 정도였다. 그런데 하나님의 약속대로 3층짜리 집을 엄마께 사 드리겠다고 했을 때, 엄마는 "못 올라갈 나무 쳐다보지 말라."고 나무라셨다. 그런데 기도만 하면 하나님이 다 해 주신다고 하셨다. 동생도 전도하고 엄마도 전도하게 되었다. 나 혼자 기도하는 것보다 같이 기도하면 성경에 '하나가 천을, 둘이면 만을 쫓는다고 했는데, 같이 기도하자. 우리에게 하나님이 집을 주신다고 하셨다.'며 함께 기도하자고 하였다.

가족 구원

요한복음 14:12~15

12. 내가 진실로 진실로 너희에게 이르노니 나를 믿는 자는 내가하는 일을 그도 할 것이요 또한 그보다 큰일도 하리니 이는 내가 아버지께로 감이라.

13. 너희가 내 이름으로 무엇을 구하든지 내가 행하리니 이는 아버지로 하여금 아들로 말미암아 영광을 받으시게 하려 함이라.

14. 내 이름으로 무엇이든지 내게 구하면 내가 행하리라.

15. 너희가 나를 사랑하면 나의 계명을 지키리라.

사도행전 16:31~32

31. 이르되 주 예수를 믿으라. 그리하면 너와 네 집이 구원을 받으리라 하고.

32. 주의 말씀을 그 사람과 그 집에 있는 모든 사람에게 전 하더라.

1) 가족이 구원받게 되는 과정 (행 16:31~32)

나는 교회 다녀오면 왜 우리 집이 그동안 그렇게 싸우게 되었는지, 교회에서 목사님께 들었던 지옥 이야기 등을 예배드리고 올 때마다 듣는 것 중 가장 엑기스 같은 이야기를 엄마께 해 드렸다. 믿음은 들으므로 생긴다는 말씀에 의지하여 이 말씀이 반드시 일하실 것이라는 생각에서 믿음으로 한 행동이었다. 많은 사람이 그 당시는 집 사는 것이 가장 큰 소원처럼 결혼해서 부부가 열심히 살아서 집을 사게 되면 큰 행복이었고 기쁨이던 시대였다.

동생은 내가 교회 다닌 지 3개월 정도 되었을 때, 교회에 나오게 되었다. 우리는 일 끝나면 아예 교회에 들러 기도하고 가는 것이 일과였다. 이렇게 새벽기도에도 동생이 합세하면서 우리 집은 주로 이야기 주제가 교회에서 들은 말씀을 나누고 또 열심히 기도하니 '그의 나라 그의 의를 따라 엄마도 빨리 교회에 나가는 것이 하나님이 가장 기뻐하시는 것이고, 그래서 기도할 때마다 오는 감동은 엄마가 교회를 나오시면 집을 사게 해 주신다고 한다.'며 말씀드렸다.

처음에는 뭐가 그러냐고 하셨는데 계약만 하려면 안 되고 이것이 몇 번 반복 되고 할 때에 어머니는 기도 한지 6개월 만에 교회에 나오시게 되었다.

물론 그 사이에 몇 번 계약하려다 파기된 것들이 있었고 하나님께 소원을 가지고 나갈 때는 나도 하나님이 기뻐하는 일을 열심히 하면서 아뢰어야 하나님도 기쁘게 우리의 기도에 응답해 주신다고 생각했다. 하나님은 나에게 주일 성수를 하라는 말과 십일조를 내라는 마음을 주셨다. 나는 성령 받던 첫날, 위경련이나 궤양 증상은 없어졌었는데 하나님이 기뻐하는 일이 아니면 또 아프기 때문에 얼른 회개하면 괜찮아지곤 했었다.

당시 심장 아픈 증상이 점점 심해지고 있을 때, 신유의 은사가 있는 분이 계셨는데 말씀 보고 기도하는데 '베드로전서'에 '마귀가 물러갔더라.' 하는 대목의 성경이 눈에 보이지 않고 아무것도 글자가 보이지 않는 순간에 이상한 증상이 나서 후에 성경을 찾아보니 바로 '마귀가 물러갔다'는 내용이었다. 반드시 똑바로 보고 있던 상태에서 누군가 가리듯이 아무것도 보이지 않은 상황이 된 것이었다. 무엇인가 또 다른 세계가 있다는 생각을 하고 기도해 주시는 분이 말하기를 어떤 사람은 즉시 고쳐 주고, 또 어떤 사람은 그 사람의 믿음을 보고 고쳐 주시니 믿음이 흔들리지 말고 온전한 믿음을 하나님께 보이라고 말씀해 주셨다.

'믿음은 바라는 것들의 실상이요 보이지 않는 것을 보이는 것처럼 믿는 것이 믿음이고, 되지 않은 것을 된 것처럼 믿는 것이 믿음이다.'라고 이 말씀대로 모두 합격하려면 '아직 낫지 않았지만 나았다.'라고 생각하고 전혀 아프지 않은 사람처럼 되지 않은 것을 된 것처럼 믿는 것이 믿음이라면 의심도 말고 생각을 잘 다스려야 하는 것이 믿음이라는 것을 알게 되었다.

그래서 글자가 가려지는 이상한 현상을 경험하면서 '마귀가 내 눈을 잠시 가린 것'이라 생각하고 '속지 않고 넘어지지 말아야지'하면서 각오를 단단히 하는데 내 마음속에 생각나기를 '네 병이 하루 이틀 병이냐?' 이런 생각이 들면서 '맞아.' 이런 생각이 드는 것이다. 순간 '맞다.'고 생각했지만, 마귀가 내 생각을 넘어뜨리려고 한다고 생각했다.

'나사렛 예수 이름으로 내 마음속에 의심을 일으키는 원수 마귀는 떠나가라. 그럼 성경에 앉은뱅이가 일어나는 것 소경이 눈을 뜨는 것은 무엇이냐?' 이렇게 반문하니까 그 의심의 생각이 사라져 버렸다. '다시 믿음의 말씀을 되새김하면서 하나님 앞에 시험에 100점으로 합격해야지.' 하는 생각으로 더욱더 기도하고 말씀 따라 사는 훈련을 더 열심히 했다.

한 달간 내 마음을 지켰다 "무릇 지킬만한 것보다 네 마음을 지켜라. 생명의 근원이 이에서 남이니라." 이렇게 해서 내 몸의 병은 점점 나아지고 어느 날, 나도 사과도 먹을 수 있고, 김치도 먹을 수 있고, 심장병과 위궤양도 고쳐 주셨다. 하지만 건강이 안 좋은 사람은 아픈 곳이 한두 군데가 아니다.

여기저기 아플 때마다 회개기도 하고 마귀를 대적하고 이렇게 해서 건강한 모습과 기도해서 집을 산 것뿐만 아니라, 마음의 병으로 있던 우울증도 사라지게 되었다.

나는 천국 가는 날만 소원하고 기쁨으로 여기면서 사는 것이 나의 소원이었다. 결혼에 대한 희망도 소망도 전혀 없었다. 하지만 하나님은 '내가 너에게 좋은 신랑을 주겠다.'고 약속하셨고 '내가 하면 능치 못함이 없다.'고 하시면서 내 마음속에 억눌린 많은 상처 들을 고쳐 주시고 완전 긍정의 사람으로 바꾸어 주셨으며 소망을 가지고 살아가도록 모든 역력에서 새롭게 빚어 주셨다.

2) 가족과 일가친척들이 구원되다

내가 예수님을 만나고 나니 제일 먼저 해야 할 일이 가장 사랑하는 가족 구원이다. 예수님 안 믿으면 지옥을 간다는데 그래서 동생을 전도했고 동생이 교회 나온 지 3개월 되었을 때 교회에서 나와 같이 기도하면서 엄마를 전도하게 되었는데 엄마는 우리의 기도가 6개월이 되었을 때 교회를 나오게 되었다. 나는 하나님을 믿을 때 말씀 그대로 믿었기 때문에 사람의 생명은 젊다고 오래 살고 나이 먹었다고 일찍 세상을 떠나는 것이 아니었다. 그러므로 제일 먼저 해야 할 일이 교회에 나와서 구원의 확신이 있는 것이 매우 중요했다.

우리 집은 식구 세 사람이 함께 교회를 다니니 세 사람이 함께 기도하니 한 사람이 천을 쫓고 두 사람이면 만을 쫓는다고 하니 세 사람이 기도하면 십만 쫓는 것이다.

이렇게 세 식구가 철야기도로 부르짖고 하나님께 간절히 매달리면서 일상에서 여러 가지 기적들이 많이 나타났다.

이제 이모네 식구, 삼촌들은 찾아가서 전도하고 어떤 어려움과 문제가 있으면 함께 기도하면 반드시 이루어지니 함께 금식하고 기도하고 그러면 문제마다 모두 응답받고 풀어지고 하나님이 능력을 보여 주시니 1년이 지나면서 이모, 삼촌, 큰이모, 작은삼촌 이렇게 가족들마다 한 사람씩 주께로 돌아오고 또 삼촌들 이모들이 그들의 가족들 이웃들 전도하니 사돈들 사촌들 모든 가족이 한 교회에 나오게 되었다. 이렇게 연결되어서 교회에서 제일 많이 나오는 가족이 되었다.

또 이모들은 구역장 조장이 되어서 이웃집 2층, 1층 사람을 전도해서 교회 나오게 되고 이모들도 믿는 방법은 처음 전도한 사람을 따라 모두 똑같이 문제 있으면 응답 될 때까지 기도하고 금식하고 철야기도 하면 반드시 응답 되니 문제들이 있으면 함께 모여 기도하고 정말 우리 가족은 초대 교회 복음 전파 역사가 나타났다. 이제는 주변에 사는 가족을 모두 전도했으니 이제 나는 멀리 사는 친척들을 찾아 나섰다.

3) 큰언니가 전도되기까지

언니는 어려서 일찍이 떨어져 살았다. 그래서 다른 사람처럼 친하게 지내는 사이는 아니었다. 언니는 일찍이 서울에 와서 살았고 나와는 12살 위이다.

언니는 어렸을 때 일찍이 아버지를 여의고 서울에 떨어져 살았기 때문에 일부로 2시간 차를 타고 가서 15분 정도 마주치는 시간이었지만 언니의 영혼을 생각할 때 너무나 불쌍했다. 그래서 언니를 전도하면 절대 교회를 안 간다고 하셨다.

그 당시 직장도 야간에 근무하는 직장을 다니셔서 내가 오전에 본 교회에서 예배드리고 낮에 여의도 순복음교회 병원 전도 팀으로 주일 오후 내내 전도를 하고 나면 저녁 5시 30분쯤 언니 집에 도착한다. 그러면서 전도한다고 언니네 집에 가면 저녁을 먹으라고 하면서 저녁 먹고 30분남은 시간에 전도는 해야 하는데 사람이 말씀을 듣겠다고 귀를 열고 있는 것도 아니고 그냥 인사하러 갔다고 하고 방문하고 교회 철야기도 가기 전 언니 집에서 쉬었다 교회 간다고 핑계 대고 방문한 것이기 때문에 거의 한마디씩만 교회와 예수님 이야기 전하고 간혹 특별한 간증을 듣거나 그러면 그것을 전달한다는 마음으로 이야기해 주고 그런 정도였다.

전도를 하면 나는 교회 안 다닌다고 너나 잘 다니라고 하지만 나는 하나님의 말씀을 믿었다. 믿음은 들으므로 생긴다고 한마디씩 그 상황에 맞는 말을 한 것이 어느 때가 되면 연결되어 그 마음에서 살아 움직인다. 그 사람이 반응이 전혀 없어도. 하나님이 그 마음을 움직일 것이라 생각하고 말씀에 의지하여 믿음으로 15분 동안 일하실 것이라 생각하고 이야기를 했다. 성령님의 도우심을 따라 때에 맞는 말을 하면 때가 되면 말씀인 그분이 일하실 것이라는 믿음으로 15분밖에 마주치지 않지만 계속해서 꾸준히 금식하고 철야기도 하면서 작정 52주를 주일 철야를 하겠다는 마음으로 52주를 언니 집을 방문하였다.

나의 몸도 주일 아침부터 저녁까지 거의 쉬는 시간 없이 교회에서 보내다 보면 저녁에 언니 집에서 조금 쉬고 주일 저녁 오후 11시~새벽 5시 30분 철야 예배에 참석하며 기도의 제단을 쌓기로 마음먹고 시작하였다. 11시부터 시작된 철야기도는 시작부터 잠이 쏟아져서 볼펜으로 허벅지를 찌르고 온몸을 못살게 굴어도 잠이 쏟아져서 제대로 예배를 드릴 수 없고 거의 졸다가 날이 새고 새벽기도를 하고 마천동 집으로 온다. 당시 언니 집은 용산에 있고 그때는 교통이 안 좋아서 2시간 걸려야 언니 집에 도착한다. 하지만 내가 할 수 있는 방법은 이 방법이 최선이었다. 잠시 쉬러 가는 시간이다. 교회 간다는 핑계로 언니 집을 방문한다. 언니는 밤새도록 일하고 낮에는 잠을 자고 저녁 시간에 일어나서 준비하고 나가는 시간에 내가 가는 것이다.

나는 낮에 전도하다가 밤에 철야기도 하기 위해서 잠시 쉬러 가는 시간이다.

나는 너무 피곤하고 힘들었다. 내가 예배하는 예배를 하나님이 받으시겠는가? 해서 그만두려고 생각도 했지만, 우리 언니는 이렇게 하지 않으면 예수님을 믿을 것 같지 않아서 이 방법을 선택했다.

나는 교회에 가기 위해서 잠시 쉼이 필요하고 언니는 혈육의 정으로 집에 오는 것을 허락했다. 언니가 교회 가는 것을 반대했지만 그래도 말씀이 들려지면 주님이 일하신다는 주님 말씀에 의지하여 온전히 드려진 예배는 아니지만 언니가 구원받아야 하는 문제가 큰 만큼 시간의 헌신도 많이 필요하다는 생각에 52주 철야를 선택하였다.

나는 반드시 전도할 때는 기도와 말씀과 헌신의 제사가 있어야 한다고 생각한다. 기도는 응답받을 때까지 응답이 안 되면 점점 더 강도 높은 헌신의 제사로 철야기도 금식기도 기도원에 가서 하루 온종일 부르짖어서라도 응답을 받고 만다.

드디어 하루는 교회에 가겠다는 약속을 받고 여의도 순복음교회를 데리고 갔다. 엄청 많은 사람들이 교회에 나온 것을 보면서 무엇인가 생각하라고 하지만 밤일을 하기 때문에 교회를 계속 다니지 않고 자신은 신앙생활을 할 수가 없다고 했다 그렇지만 나는 하나님과의 약속이니 52주 철야기도를 계속해서 다니게 되었다. 몇 년 후 언니는 제주도에 가서 산다고 하였다.

그리고 얼마 후 교회를 다닌다고 하면서 얼마나 열심히 믿는지 내가 처음 예수님 믿을 때처럼 열정과 정성 또 많은 사람을 교회에 전도하고 권사님이 되시기까지 많은 일을 하고 신실한 믿음의 사람으로 신앙생활을 하는 것이다 언니는 많이 배우지 않아서 신앙생활을 잘할 수 없다고 생각하였는데 성령님의 도우심으로 진리의 말씀을 바로 깨닫고 영 분별도 잘하고 성경에 가르침을 실천하며 살고 계시다 GWM 선교교회가 세워지는데도 언니의 헌신으로 교회 건물이 세워지게 된 것이다.

나는 언니의 신앙생활 하는 것을 통하여 하나님은 중심을 받으신다고 깨달았다. 이렇게 온전한 예배가 아니었어도 하나님은 들으시고 신실한 믿음의 사람을 만드시고 행위예배를 받으신다는 깨달음을 몇 년 후 어느 목사님을 통하여 듣게 되었다. "아~ 하나님은 중심을 받으시는구나! 정말 말씀이 일하시는구나!" 나는 오직 말씀 따라 믿음은 들으므로 생긴다고 성령의 감동 속에 한마디씩 전했고 간절한 기도가 생명을 살리고 일하시는 하나님은 보게 되었다. 나는 언니의 전도와 신앙생활을 통하여 내가 신학교 교수로 있을 때도 많이 이야기하면서 가르쳤다.

온 마음과 정성을 다하고 최선을 다하여 드려지는 예배 하나님이 받으시고 중심을 드린 것은 남이 판단하는 기준이 아니다. 내가 최선을 다한 믿음과 헌신이면 "콩 심은데 콩 나고 팥 심은데 팥 난다."는 말처럼 언니는 내가 가까이서 신앙생활 한 것을 본적도 많이 없고 깊이 있게 이야기를 나눈 적도 별로 없지만 그러나 전도자를 닮는다는 말처럼 똑같이 복사판이 되었다. 이모들도 일가친척들도 같은 방식의 믿음 생활을 하는 것을 보면서 전도자의 믿음이 매우 중요하다는 것을 느낀다.

기도의 응답 믿음의 체험

히 11:1~7

1. 믿음은 바라는 것들의 실상이요 보이지 않는 것들의 증거니.
2. 선진들이 이로써 증거를 얻었느니라.
3. 믿음으로 모든 세계가 하나님의 말씀으로 지어진 줄을 우리가 아나니 보이는 것은 나타난 것으로 말미암아 된 것이 아니니라.
4. 믿음으로 아벨은 카인보다 더 나은 제사를 하나님께 드림으로 의로운 자라 하시는 증거를 얻었으니 하나님이 그 예물에 대하여 증언하심이라 그가 죽었으나 그 믿음으로써 지금도 말하느니라.
5. 믿음으로 에녹은 죽음을 보지 않고 옮겨졌으니 하나님이 그를 옮기심으로 다시 보이지 아니하였느니라. 그는 옮겨지기 전에 하나님을 기쁘시게 하는 자라 하는 증거를 받았느니라.
6. 믿음이 없이는 하나님을 기쁘시게 하지 못하나니 하나님께 나아가는 자는 반드시 그가 계신 것과 또한 그가 자기를 찾는 자들에게 상 주시는 이심을 믿어야 할지니라.
7. 믿음으로 노아는 아직 보이지 않는 일에 경고하심을 받아 경외함으로 방주를 준비하여 그 집을 구원하였으니 이 말미암아 세상을 정죄하고 믿음을 따르는 의의 상속자가 되었느니라.

신명기 28:7~14

7. 여호와께서 너를 대적하기 위해 일어난 적군들을 네 앞에서 패하

게 하시리라. 그들이 한 길로 너를 치러 들어왔으나 네 앞에서 일곱 길로 도망하리라.

8. 여호와께서 명령하사 네 창고와 네 손으로 하는 모든 일에 복을 내리시고 네 하나님 여호와께서 네게 주시는 땅에서 네게 복을 주실 것이며

9. 여호와께서 네게 맹세하신 대로 너를 세워 자기의 성민이 되게 하시리니 이는 네가 네 하나님 여호와의 명령을 지켜 그 길로 행할 것임이니라.

10. 땅의 모든 백성이 여호와의 이름이 너를 위하여 불리는 것을 보고 너를 두려워하리라.

11. 여호와께서 네게 주리라고 네 조상들에게 맹세하신 땅에서 네게 복을 주사 네 몸의 소생과 가축의 새끼와 토지의 소산을 많게 하시며

12. 여호와께서 너를 위하여 하늘의 아름다운 보고를 여시사 네 땅에 때를 따라 비를 내리시고 네 손으로 하는 모든 일에 복을 주시리니 네가 많은 민족에게 꾸어 줄지라도 너는 꾸지 아니할 것이요.

13. 여호와께서 너를 머리가 되고 꼬리가 되지 않게 하시며 위에만 있고 아래에 있지 않게 하시리니 오직 너는 내가 오늘 네게 명령하는 네 하나님 여호와의 명령을 듣고 지켜 행하며

14. 내가 오늘 너희에게 명령하는 그 말씀을 떠나 좌로나 우로나 치우치지 아니하고 다른 신을 따라 섬기지 아니하면 이와 같으리라.

1) 교회를 다닌 지 6개월이 되었을 때 (신 28:7~14)

보통 사람이 주일 지키는 것과 일하는 사람이 모든 수입을 포기하고 주일을 지킨다는 것은 굉장히 쉬운 일은 아니다. 평일 수입에 주일 수입이 3배가 되었다. 그리고 손님들 결혼식 외출 때 미용실은 필수 사항인데 그런 서비스 직종에 몸담고 있으면서 이 모든 것을 포기하고 문을 닫는다는 것은 그 당시 차라리 아예 영업하지 말아야 하는 그런 상황이었다.

그런데 하나님의 법도 지켜야 하고 세상에서도 잘해야 하는데 어떻게 하는 것이 좋은지 당시 우리 미용실은 또 손님이 많았고 우리 미용실에 오면 어떤 머리든 연예인 머리같이 해 주기 때문에 굉장히 소문이 많이 나 있었다. 머리가 예쁜 사람을 보고 어디서 했느냐고 물으면 모두 우리 미용실로 안내를 했었다.

얼마나 손님이 많이 몰리면 교회에 다녀서 손님이 많이 온 줄로 생각하여 주변 미용실에서 우리 교회에 많이 나오기도 했다. 그런데 우리 미용실은 교회 다녀서 교회 손님들이 많이 오는 곳이 아니고 일반인들이 더 많이 오는 곳이다. 요금도 비싸고 친절하지도 않았다. 천성이 무뚝뚝한 성격이라 서비스업이 잘 맞지도 않는 성격이었다.

그런데 예수님을 믿으니 주일 성수를 말씀하시는데 처음에는 "하나님 주일 날 모든 수입은 가난한 자를 위하여 쓰겠습니다." 이렇게 생각하고 목사님께 내 결정을 말씀드렸다. 그러면 목사님이 칭찬하실 줄 알았다.

내가 돈 때문이 아니고 신뢰 때문에 그런다는 것을 말씀드리고 싶었는데 목사님이 내 이야기를 들으시더니 "누구 것을 가지고 생색내려고 하느냐." 하시면서 옳지 않다고 하시는 것이다.

지금 생각해 보면 목사님이 그때 정말 잘 가르쳐 주셨다. 두고두고 그때 그 목사님이 바르게 알려 주셨다는 생각이 들었다. 지금은 내가 목사가 되어 '교회 다닌 지 6개월 밖에 안 다닌 성도에게 이렇게 말할 수 있을까?' 생각해 본다. 우리는 인간적으로 생각하고 말하고 가르칠 때가 있다.

나는 하나님께 기도하면서 내가 하나님 말을 안 들으면 '내가 너를 모른다.' 하시면 안 되겠기에 영원한 천국을 생각한다면 잠시 잠깐 있는 세상의 법도 중요하지만, 하나님의 법을 지키기 위하여 헌신하며 포기해야겠다는 생각을 하고 '우리 미용실은 퍼머만 하는 쪽으로 가자.' 생각하고 또 하나는 '내가 이대로 가다가는 얼마 못 가 과로로 죽을 수도 있으니, 하나님 법을 따라 주일을 지키면 건강이 좋아지는 것은 당연한 것'이라 생각했다.

너무 손님이 많아서 밥을 못 먹는 것이 건강 문제의 가장 큰 원인이라는 생각이 들었기 때문이다.

하나님 법을 지켰으니 하나님이 책임져 주실 것이며 육체적으로도 손님을 조금 덜 받으니 힘이 덜 들었다. 그때부터 주일은 무슨 일이 있어도 지키기로 결심 했다 그래서 그해 12월 25일 성탄 주일이었는데 한복집에 가서 핑크색 예쁜 한복을 한 벌을 맞추어 성탄 주일 아침에 교회에 입고 가기로 마음먹었다.

첫 주일 중요하고 예수님 생신이니까 큰 잔칫날이라 생각하고 한복을 잘 차려입고 교회에 가니 아무도 한복 입은 사람이 없었다. 내 생각엔 성탄절은 '예수님이 오신 날'이라 교회로 말하면 '가장 기쁜 날'이라 생각하고 혼자 한복을 입고 갔던 기억을 더듬어 보았다.

마가복음 11:22~25절

22. 예수께서 그들에게 대답하여 이르시되 하나님을 믿으라.

23. 내가 진실로 너희에게 이르노니 누구든지 이 산더러 들리어 바다에 던져지라 하며 그 말하는 것이 이루어질 줄 믿고 마음에 의심하지 아니하면 그대로 되리라.

24. 그러므로 내가 너희에게 말하노니 무엇이든지 기도하고 구하는 것은 받은 줄로 믿으라. 그리하면 너희에게 그대로 되리라.

25. 서서 기도할 때에 아무에게나 혐의가 있거든 용서하라 그리 하여야 하늘에 계신 너희 아버지께서도 너희 허물을 사하여 주시리라 하시니라.

2) 미용실의 바닥 보일러 고침 (막 11:22~25)

목욕탕 미용실 임대 기간이 끝나고 나서 다른 가게로 옮겼는데 옆집에는 술집이 있는 그런 곳에서 미용실을 하게 되었다. 그 후 얼마 지나지 않아 바닥에 보일러가 고장이 났다.

어느 날, 보일러 고장으로 순환 모터가 고장 나고 공사비를 알아보니 아주 많은 돈이 들어가야 하는 상황이 되었다. 남의 집에 돈을 많이 들어 고칠 수도 없고 결혼을 하게 되면 얼마 안 가서 그만두어야 하는데 당장 어떻게 할 수도 없고 해서 하나님께 기도했다. 그 후 며칠이 지났을까 모터 돌아가는 소리가 나면서 그 후 몇 년을 더 살게 되었고 보일러는 다시는 고장 나지 않고 잘 사용하게 되었다. 이런 것들이 우리 집 안에서는 모두 살아 계신 하나님을 드러내는 결과가 되었다.

나는 지금도 어찌할 수 없을 때는 어린아이처럼 기도한다. 우리가 때때로 영적인 일들을 많이 구해야 하지만 불가능한 일이 있을 때는 하나님께 간절히 기도한다. 내가 하나님의 자녀로서 하나님은 나 몰라라 하지 않으신다. 당신의 자녀가 어려움에 처해 있을 때, 곤경에 빠졌을 때, 죽게 된 지경에 있을 때, 그것은 거룩하지 않으니 도와줄 수 없다고 하시겠는가?

하나님은 우리의 아버지이기 때문에 항상 우리와 관계하고 서로 교통하기를 원하신다. 아직 믿음이 어리거나 잘 모를 때는 묻지 않으시고 우선 위급한 순간을 해결하시고 훈계하시고 야단치시든지, 아니면 내 어린 믿음을 키워서 같이 가기를 원하시지 무조건 일방적으로 우리를 몰아가시지 않는다. 그리고 하나님은 또한 우리가 기도한 것을 이루신다. 구하지 않는 것은 구할 때까지 기다리며 듣고 계신 경우도 많이 있으시다.

많은 사람이 오해하고 하나님과 관계가 매인 것이 하나님이 알아서 해주실 것이라고 구하지 않고 참고만 있는 경우도 참 많다. 물론 해 주시기도 하지만 때로는 지극히 작은 것까지도 구하기를 원하시고 지극히 작은 것 속에서도 세밀하게 일하시는 하나님을 가르쳐 주시려는 의도도 있다. 그러므로 우리는 어린아이 같은 단순한 믿음을 가지라고 하신다.

3) 기도로 살 빼고 가게를 강남으로 이전하다

어느 날, 거울에 비친 내 모습을 보니, 너무 뚱뚱해져서 정말 기도 제목으로 그해 하나님께 간구하게 되었다.

나는 미용하는 사람으로서 직업이 창피할 정도로 몸이 붓고 건강이 엉망이라 살고 싶지 않을 만큼 몸이 망가져 있었다. 그 해는 기도 제목 1번이 "하나님 저의 살을 빼 주세요."였다.

또 내 마음속에 드는 생각이 아무리 손님을 많이 받아도 선교할 정도의 물질은 안 되니 나도 강남 가서 요금을 많이 받는 미용실을 하면 좋겠다는 생각을 하게 되었는데 하나님이 그렇게 해 주시겠다는 마음의 감동을 주시면서 기도하라는 마음을 주셨다.

그해 기도 제목이 살 빠지고 나도 강남에 진출해서 돈을 많이 벌어 선교하면 좋겠다는 마음을 주셨고 계속 기도하게 하셨는데, 그런데 어느 정도 모아 놓았던 돈이 없어지는 상황이 되었다.

돈이 어떤 이유로 없어지게 되니, 모든 것을 포기하고 싶은 마음이 들었다. 그러나 하나님이 자꾸만 소원을 주시는데 처음 집 샀을 때 얼마나 열심히 기도했는지 그렇게 기도하면 되겠지만, 강남에 가서 미용실을 하는 것도 한쪽 마음에서는 겁나고 그렇게까지 기도해서 하고 싶지는 않았다.

집을 사려고 한 그때는 얼마나 열심히 기도했는지 죽을힘을 다해 밤낮으로 성전 문턱이 닳아질 정도로 기도했었다. 그런데 그 정도 힘도 안 되는데 하나님이 자꾸만 기도하라는 마음을 주시고 나를 닦달하시는 것 같은 느낌이었다.

그래서 "내 손바닥에 돈을 올려 놓아주시면 그때 옮기는 것으로 하겠습니다." 그랬더니 하나님이 그렇게 하시겠다는 마음을 주시면서 계속 기도하라고 하셨다. 그렇게 기도하는 중에 어떤 사람이 '에너지 물'이라면서 나에게 소개해 주었다. 살도 빠지고 피부가 깨끗해진다고 했다. 이 물을 먹는 중에 하나님께서 한 끼 3일 금식, 한 끼 20일 금식, 한 끼 40일 금식을 하게 하셨다. 이렇게 기도하게 하시면서 이 물을 먹게 되었는데 몸무게 13kg 빠지고 허리가 25인치가 되었다. 기적이 일어났다. 꿈의 목표였다. 기도 제목대로 살 빠지게 해 주시고 나를 강남으로 보내 주신다는 마음을 주셨다. 살 빠지는 것에 기도 응답이 되었다.

2번째 기도 제목은 미용실 옮길 환경이 전혀 되지 않아서 기도를 포기하려고 하면 말씀이 찾아오셔서 '내가 네 기도를 안 들어 준 적이 있느냐. 끝까지 기도하라.'는 마음을 주시면서 때로는 의심했다고 야단맞기도 하고 때로는 여리고 성은 6일 동안 매일 한 바퀴씩 돌아도 안 무너지고 7일째 일곱 바퀴를 돌면서 마지막 1m 전에도 안 무너졌다. 마지막까지 다 돌아야 무너진다는 마음을 주시면서 두 마음 먹지 말라고, 두 마음 먹으면 얼른 회개하라고 하셨다. 나는 하나님께 "길게 기도하지 않고 12월까지만 기도하겠어요." 했다.

꼭 하고 싶은 것도 아니고 무엇이든 한다고 하면 그것을 감당하기 위해서 해야 할 것도 너무 많기 때문에 하나님과 이렇게 기도를 했다.

하나님이 주시는 마음은 "내가 그렇게 해 주겠다고 하시는 것이다." 되지 않은 것을 된 줄로 믿으면 내가 해야 할 일은 바로 미용실을 보러 다니는 것이었다.

하나님이 "너 가게를 옮기려면 어떤 것이 좋은 장소인지 보러 다녀야지.

그러니 너는 가게 보러 다녀. 네 손에 돈이 있어도 이것은 해야 하잖니?"

"맞아요." 나는 가게를 보러 다녔고 부동산에서 "언제 계약할 거예요?"라고 물으면 좀 더 기다려 보세요. 나는 이렇게 말하고 또 좋은 가게가 나왔다고 연락이 오면 또 보러 다녔다. 이렇게 6개월 이상 시간이 흘렀지만 계속 하나님은 돈을 주지 않으시고 나도 포기하고 싶어서 그만 두려고 하면 '여리고성' 이야기를 하시며 내가 알아들을 수 있는 비유와 상황을 보여 주시면서 말씀하셨다.

이렇게 시간은 지나가고 11월이 다가와도 돈은 나오지 않고 나는 12월까지만 기도하면 그만할 것이라고 생각했다. 기도로 옛날 집 샀을 때처럼 안하면 기도 안 한다고 책망하시고 야단맞고 회개하고 이렇게 11월 말이 되던 어느 날 아침, 직원이 출근하면서 가게에 들어오면서 종이 한 장을 떨어뜨렸다.

무슨 종이인가 보니 대출해 가라는 내용인 것 같았다. 천주교를 다니는 직원인데 주보를 가져오다 떨어뜨린 것이다. 천주교에서 천 원씩 모인 돈으로 어려운 사람 돕는 일을 한다고 신협을 만들었는데 이 돈이 모인 것이 삼억 원인데 누군가가 융자를 해 가야 이자도 되고 꼭 필요한 사람에게 도움을 준다고 광고를 했는데 종교가 다른데 자격이 되겠냐고 물으니 빌려준다고 해서 정말 약속대로 하나님은 돈을 내 손안에 쥐어 주셨다.

그 돈으로 강남의 가게를 계약하고 미용실을 강남으로 옮기게 되었다. 난 아무것도 모르면서 오직 하나님 말씀만 따라갔다. 경영도 모르고 운영하였고 처음에는 여유 자금이 있어야 하는데, 있는 모든 돈을 잔돈까지 정리해서 권리금과 집세를 주고 이사를 하고 나니 한 달 후 직원 월급이며 집세가 전혀 없었다.

앞이 깜깜하고 내가 할 수 있는 것은 기도밖에 없으니 금식기도, 철야기도, 모든 것을 기도로 해결해야만 했다.

매달 기본 유지가 되고 그때그때 하나님은 기도를 시키면서 말씀하시기를 '너는 가만히 서서 내가 하나님 됨을 알지어다.' '홍해 바다의 기적'을 말씀하시면서 '돈 빌리려고도 하지 말고 너는 가만히 있으라.' 홍해를 가르신 하나님의 기적을 체험하게 하시는 것이다.

하나님이 나를 살 빠지게 하시고 강남에서 내 모습을 그대로 광고 모델로 사용하면서 이렇게 기적 같은 방법으로 일을 풀어 가시는 하나님을 보게 하셨다.

무식하면 용감하다고 나는 얼마나 단순하냐면 하나님이 말씀하시면 책임은 그분이 지는 것이지 다른 아무 생각도 안 했다. 매달 돌아오는 임대료 문제, 직원들이 많으니 직원 월급 문제, 그렇지만 하나님은 날마다 달마다 기적을 일으키시면서 나를 이끄시는데 사람들이 그 기적을 보면서 "정말 하나님이 계시는구나." 사람들로부터 시기도 많이 받고 너만 특별나냐! 자기들은 기도해도 그렇게 응답 안 하는데 너는 기도하면 모두 응답하신다고 사람들이 나에게 믿음에 대한 질문을 하면 나는 내가 했던 방식 그대로 가르쳐 주면 따라 하면서 응답을 받고 많은 사람들에게 도전을 주고 계속해서 전도와 간증을 많이 하게 되었다.

4) 엄마는 나를 위한 기도 후원자

이렇게 강남으로 진출하게 되었고 살이 13kg 빠지고 나서 보니 목 뒤에 주먹만 한 혹이 붙어 있었다. 미관상 보기 싫어서 그렇지 양성이니 그냥 있어도 된다고 했지만, 너무 커서 살이 많이 졌을 때는 '살이 많이 쪄서 목이 부어 있나?' 했는데 혹 때문에 목이 없는 사람처럼 보였고 살이 빠지고 나니 혹이 붙어 있는 것을 알게 되었다.

그 후 엄마는 많이 달라져서 예전에 날마다 우리를 괴롭히고 욕하고 없는 말을 해서 다투고 싸웠던 우리 가정은 아니었다. 완전 예수님의 사람, 기도의 사람, 우리 집은 거의 폭발 직전의 위기 가족이었지만 이제는 문제만 있으면 기도하는 가족으로 변해 있었고. 믿음도 꼭 내 믿음과 똑같은 믿음으로 무엇이나 기도로 해결하는 믿음의 가족이 되어 있었다. 나는 양성 혹이고 미관상 보기는 싫지만 당장 수술비도 없고 그냥 기도해야지 생각했는데 엄마가 얼마나 열심히 기도해 주시는지 예수 이름의 권세로 매일 선포하시며 "혹이 예수 이름으로 사라질지어다." 이렇게 기도를 쉬지 않고 하셨다. 그러자, 이 혹이 점점 작아지더니 주먹만큼 컸던 것이 대추 알만큼 작아졌는데 예전에는 좀 물렁물렁했었다. 대추 알만큼 작아지면서 돌처럼 딱딱 해졌다.

내 생각에 그동안 녹아 없어졌다는 생각이 들었고 딱딱하게 남은 것도 계속해서 기도하시니 하루 한 번 정도 저녁에 비명이 나올 만큼 그 자리가 너무 아파 "아아악~!" 소리를 지를 정도로 아주 많이 아팠다. 그렇게 점점 작아지면서 매일 한 번씩은 비명 지르고 6개월 정도 지났을까? 어느 날 모두 사라져 버렸다.

엄마는 그 일 이후, 믿음이 점점 커져서 무엇이든 믿음으로 기도해서 응답받고 어떤 병이든 생기면 모두 기도로 해결하시게 되었다. 엄마 팔에 있는 피부병도 날마다 저주하면서 내쫓으시더니 다 나으시고 무엇이든 기도로 해결하셨다. 만성 위장병도 피부병도 두통도 이제 엄마는 동네에 아기가 아파도 기도로 해결하신다. 엄마는 나의기도 후원자가 되셨고 우리 집은 정말 예수님으로 인하여 구원받은 집안이 되었다.

일가친척 모두 한 교회에 나오게 되었다. 우리 교회에서 가장 많이 나온 가족은 바로 우리 가족들이다. 우리 집은 친척 중에 제일 가난했지만, 집안에 어떤 문제가 생기면 엄마가 가서 합심 기도를 해 주시는 영적인 가족의 리더가 되었다.

우리 가족은 내가 성경 보면서 응답을 받고 하나님 말씀도 풀어 주니 동생도 엄마도 성경 보기를 좋아하시고 모두 직접 말씀으로 응답받았다. 하나님이 이렇게 말씀하신다고 이야기하고 이모들도 모두 신앙생활이 같은 방향으로 점점 더 성장해 갔다.

이제 사돈들은 이모들 몫이다. 사돈의 팔촌까지 계속해서 복음이 퍼져 가고 이모들이 영적 리더가 되어 구역 식구들과 주변 사람들을 이렇게 전도하시면서 내가 다니던 교회는 우리 동네에서 제일 많이 성장한 큰 교회로 발전해 갔다.

5) 동생 아들이 입맛이 돌아오다

사촌 동생 아들이 다섯 살 때에 입맛이 없어서 전혀 밥을 먹지 않는다고 언니기도 좀 해 달라고 왔다.

하나님께 전부 생각나는 대로 회개기도를 하고 내가 기도할 때 깍지 끼고 기도하면 얼마나 꽉 잡았는지 자국이 풀리지 않을 만큼 간절히 기도했다고 하며 너도 회개기도하라고 말하고 "예수 이름으로 명하노니 밥맛없게 하는 원수 마귀 예수 이름으로 떠나가라. 예수 이름으로 명하니 밥맛은 돌아올지어다." 그 후 아이는 밥맛이 돌아오고 건강해져서 다른 사람보다 키가 큰 아이가 되었다. 사촌 동생도 열심히 신앙생활을 하면서 신실한 믿음의 가정을 만들었고 지금은 일가친척 친구 등 많은 사람에게 전도하고 영향력 있는 기독교인으로 권사로 남편은 선교회 회장으로 사명을 잘 감당하고 있다.

우리 가족은 무슨 문제가 있으면 먼저 기도부터 한다. 회개기도는 나는 잘 모르지만, 하나님 보시기에 옳지 않은 어떤 행동이나 생각 등이 있으면 찾아내 회개기도 하고 그 후에 어둠의 세력들이 우리 모르게 가라지를 뿌리고 갈 수 있으니 원수 마귀 대적하여 내쫓아야 한다. 기도는 반드시 응답받는 것이고 하나님은 우리에게 항상 넘치게 주시기를 원하신다는 것을 잊지 말아야 한다. 마치 부모가 자녀를 바라보고 그 아이의 장래를 생각하면 계획하듯이 하나님도 나를 향한 계획과 뜻을 가지고 계획하고 계신다는 것이다.

6) 결혼을 방해하는 마귀를 대적하다

우리 집은 이제 엄마와 동생까지 함께 기도하면서 '삼 겹줄'이 되었고 집안에 문제가 있으면 그것을 놓고 함께 기도한다. 하나님은 모든 백성이 주님께 돌아와서 영생을 얻기 원하신다.

그동안은 혼자서 기도했지만, 이제는 함께 기도하는 동역자가 생겼다. 친지 중에 결혼 못 한 외삼촌이 있었는데 결혼 적령기가 지나 선을 50번을 보아도 결혼 성사가 안 되어 이것을 놓고 기도하고 한 달간 기도한 후에 지금의 배우자가 나타나서 결혼하게 되었다.

또 다음으로 막내 이모도 결혼 적령기가 지났다. 당시에는 결혼 적령기를 지나면 마음이 초조해지고 쫓기 듯 결혼했다가 이혼하기도 하는 사람들을 보았다. 서로 사랑하는 상대를 찾아 결혼해야 하는데 무언가 성사가 안 되는 상황이었다. 서로 통하지 않고 자기 짝을 찾아내지 못하는 상황, 그래서 이번에는 이모를 데리고 "3일 동안 나와 함께 교회에 가서 기도하자. 그러면 하나님이 도와주실 거야."라고 말해 놓고 하나님께 간절히 기도했다.

그 영혼에 죄를 용서하시고 하나님이 계시면 깨달을 수 있게 해 달라고 기도하면서 본인에게도 알게 모르게 지은 모든 죄를 회개하고 하나님이 계시면 나를 만나게 해 달라고 기도하라고 했다. 이틀째 되는 날 비몽사몽에 이모가 잠깐 잠이 들었는데 바늘구멍만 한 구멍이 있어서 그 속을 들여다보니 너무나도 아름다운 곳이 있는데 그렇게 예쁜 꽃을 본 적이 없다고 했다. 그래서 환상을 풀어 주기를 하나님이 천국을 보여 주신 것이라고 바늘구멍만큼 보여 주신 것이다.

간절히 믿고 열심히 기도하면 하나님이 도와주실 것이라고 하고 그 후 한 달도 안 되어 지금의 남편 만났는데 바로 옆에 사는 사람으로 연결해 주셨다.

때로 우리는 눈이 어두워 보지 못하고 내 것으로 가져가지 못하는 경우가 많다. 믿음의 크기가 있고 눈을 열어 주셔야 보인다.

영안의 눈이 열린다는 것은 천국만 보이는 것이 아니다. 내가 가야 할 길이 보이고 나의 미래에 어떤 학과를 택하여 공부해야 하는 것도 보이고 어떤 사업을 해야 하는 것도 모두 보여 주시는 것이다. 우리는 하나님의 자녀로 이 땅에서 승리자로 살아가면서 하나님의 살아 계심을 드러내야 하는 것이 우리들의 몫이다.

"우리는 영적으로 성숙해 가기를 원하는 자들이다. 하나님께서 무슨 이유가 있어서 늦게 응답하기도 하고, 따로 하실 말씀이 있어서 아직 때가 덜 된 상황이 될 수도 있다. 우리는 하나님의 인도하심을 헤아리면서 분별해야 한다. 이것이 현명한 방법이다."

7) 막내 숙모의 질병 치유

한번은 막내 숙모에게 질병이 있었는데 교회 가서 기도해도 낫지 않는다고 특별히 나를 초청하여 기도해 달라고 하였다. 3일이라는 시간을 작정해 놓고 기도를 했다. 기도하면 뇌병변 증상처럼 눈이 돌아가고 가슴이 결리면서 아프다는 것이다. 식구들까지 기도해도 안 된다고 하여 우리는 더 열심히 기도하면서 우리가 연합하여 함께 기도하길 원하는 하나님의 뜻이 있어서 함께 3일 동안 모여 대적하여 기도하고 사단의 권세를 쫓으면서 기도했다.

기도할 때 이상한 소리를 내며 이상한 모습을 해서 우리는 "예수그리스도 이름으로 명하노니 떠나갈지어다." 하고 대적하니 '픽' 하고 나가떨어지고 얼마 후, 정신이 돌아와서 괜찮아졌다. 앞으로 열심히 신앙생활을 잘하라고 말해 주었고 지금까지 신앙생활을 너무 잘하고 계신다.

숙모네 다섯 살 어린 딸을 보니 어린아이가 미간에 얼마나 인상을 썼는지 골 주름이 생겼다. 아이는 항상 무엇이 불편한 것처럼 짜증을 내고, 울기도 해서 기도하니 사단이 아이를 괴롭게 하는 것을 느꼈다. 예수 그리스도 이름으로 대적하고 내 쫓으니 아이는 괜히 짜증내던 일상이 바뀌게 되었다.

아이가 밝은 표정으로 바뀐 것을 보고 영적 어둠의 세력은 눈에는 보이지 않지만, 예수님이 말씀하셨기에 말씀에 의지하여 우리는 순종하고 그대로 해 보면 내가 하는 것이 아니고, 나는 예수님을 믿고 예수님이 내 안에 계시므로 그분의 권세로 나를 괴롭게 하고 내 혼과 내 육체를 괴롭히러 왔던 어둠의 세력이 떠나가는 것이다. 누구든지 예수님을 모신 사람들은 동일하게 나타나는 것이다.

예수님 말씀에 너희는 내가 한일과 똑같은 일도 할 수 있고 나보다 더 큰일도 할 수 있다는 말씀에 그대로 따라서 한 것이다. 또 우리 눈에는 마귀도 어둠도 보이지 않는다. 하지만 예수님이 어둠이 있다고 하니 그냥 있다고 믿고 말씀을 그대로 따라 한 것이다.

그런데 문제가 해결되고 어려움이 해결되는 것이다. 질병뿐만이 아니라 우리 주변에 꼬이게 하고 무엇인가 브레이크가 되는 것, 즉 먼저 회개할 것이 있으면 회개하고, 말씀대로 해 보는 것이다. 반드시 하나님은 나의 삶 가운데 개입하셔서 나를 돕고 나를 약속의 말씀대로 인도하기를 원하신다. 때로 사람들은 육적인 것은 안 구한다는 사람들이 있다. 하지만 우리는 영과 혼과 육이 같이 유기적 관계 속에서 평강과 편안을 유지하며 기쁘게 살아가기를 원하시는 것이 하나님 마음이라는 것이다.

하지만 진정한 아버지의 마음을 생각하면서 하나님은 나를 바라보고 계획하시고 내 장래를 마치 부모가 나를 키우면서 바라고 계시듯이 하나님도 그러하신 분이다. 우리는 하나님이 어떤 분인지, 어떤 계획을 가지고 계신지 알기 위해서는 무엇이나 필요한 것은 구하면서 그분과의 관계가 더 친근하고 돈독하게 형성되어 간다는 사실이다.

8) 이모의 질병이 낫지 않는 이유

우리 가족은 문제가 있으면 모여서 기도한다. 나는 믿음의 호주이다 보니 응답이 안 되면 나를 부른다. 나는 기도해 보고 하나님 입장에서 생각해 보고 하나님의 뜻과 계획 등을 참고로 그 사람을 상담해 준다.

그런데 큰 이모가 "병을 기도하면 낫지만, 며칠 있으면 또 아프다."고 죽을 것 같다고 하면서 다시 원점으로 돌아간다.

그래서 아무래도 무슨 문제가 있는 것 같아서 엄마와 함께 그 집으로 찾아가서 원인을 찾기로 했다. 가만히 지켜보니 입술의 열매로 결과를 만드는데 입술로 기도해 놓고 입술로 범죄 해서 마귀가 "이 사람은 예수님에 대하여 잘 모르고 있다."는 것이다. 마귀는 우리를 너무나 잘 안다. 정말로 믿는지, 안 믿는지 우리 마음속을 너무나 잘 안다. 옆에서 지켜보면서 이모가 예수님 말씀에 "너희는 믿고 기도한 것은 받은 줄로 믿으라." 하는 말씀처럼 해야 하는데 기도는 그렇게 해 놓고 조금 아픈 증상만 느껴지면 "아이고, 죽겠네!"라고 말하는 것이다.

기도한 대로 되는 것을 믿는 것이 믿음인데, 말로는 믿는다고 하면서 '무릇 지킬 만한 것보다 네 마음을 지켜라. 생명의 근원이 이에서 나느니라.' 하는 것을 못 지켰으니 회개하고 입술로 그냥 "아이고, 힘들어." 하고 바로 말하지 말고 매일 아침에 성경을 한 장씩 읽고 성경 말씀이 인도할 때마다 인도하시는 하나님의 말씀을 묵상하고 몇 번 이렇게 체크해 드리니 힘이 푹 빠지던 현상이 사라지고 집안일도 잘하시게 되었다.

그리고 이런 부정적인 생각이나 말을 했을 때 회개하고 다시 주님께 기도하면서 작정한 3일 동안 생활 정리를 해 드리면서 "바로 나 자신에게 주님이 말씀하시는 것으로 듣고 행동해야 한다."고 가르쳐 드렸다.

　주님 말씀에 '너희는 내가 한일 너희도 하고 나보다 더 큰 일을 할 수 있다.'고 하신 말씀을 따라 그때마다 어떤 현상이 보이고 느껴지면, 회개 기도 하고 대적하여 물리치라고 가르쳐 드리고 돌아왔다. 아프면 119를 부르듯이 수시로 구역장 목사님을 부르더니 6개월 만에 이제 구역장도 안 부르고 목사님도 안 부르고 나도 찾지 않고 스스로 문제를 해결해 가면서 이제 사돈댁 식구들 한 사람 한 사람 전도해 교회에 등록시키는 훌륭한 전도자가 되었다.

　몸이 아프면 기도하면 낫고, 기도 안 하면 아프고, 새벽기도를 빼 먹으면 아프고, 새벽 기도하면 낫고, 지금은 기도의 권사님이 되셨고, 남편도 믿음이 견고해지고 식구들 모두 신앙생활을 잘하고 있다. 할렐루야~!

　한번은 이모가 구두쇠라 돈을 거의 쓰지 않는 분이셨는데 신앙생활 하면서 날마다 새벽 재단을 쌓고 기도하던 중에 새벽 기도실 지하 강대상 옆에 구멍 난 것을 발견했다. 그렇게 오래 교회 다녔어도 아무도 못 보았는데 이모 눈에 보였고 성령이 그 강대상을 자꾸 '새것으로 바꿔 놓아라.'라는 마음의 감동을 주셔서 당시 일백만 원 하는 강대상을 절대 할 수 없는 분인데 계속해서 말하는 주님의 음성 앞에 결국 하기로 마음먹고 행동에 옮기게 되었다.

　이것은 기적이었다. 그 후로 하나님이 넘치는 기쁨과 기도 응답으로 날마다 함께하시는 성령님을 경험하면서 구역장과 조장을 거쳐 아주 큰 믿음의 성도 권사가 되셨고 언제나 반대하던 이모부도 날마다 아파서 누워 있고 병원에 다녀도 해결 안 되고 무슨 방법을 써도 낫지 않던 병에서 치료되고 건강하게 일상생활을 하면서 기뻐하고 회복되어 그 집안 식구들에게 믿음의 표적이 되셨다.

召命(소명)

하나님의 종으로 부르심

고린도전서 1:25~28

25. 하나님의 어리석음이 사람보다 지혜롭고 하나님의 약하심이 사람보다 강하니라.

26. 형제들아 너희 부르심을 보라 육체를 따라 지혜로운 자가 많지 아니하며 능한 자가 많지 아니하며 문벌 좋은 자가 많 지하니 하도다.

27. 그러나 하나님께서 세상에 미련한 것들을 택하사 지혜 있는 자들을 부끄럽게 하시고 세상에 약한 것들을 택하사 강한 것들을 부끄럽게 하려 하시며

28. 하나님께서 세상의 천한 것들과 멸시받는 것들과 없는 것들을 택하사 있는 것들을 폐하려 하시나니.

1) 신학교로 부르심

나는 말씀에 의지하여 강남에 왔지만, 처음에는 자본금이 전혀 없이 시작한 사업이었다. 운영 초창기에 기반을 잡느라 힘든 가운데 있었다. 날마다 기적 같은 일들로 인해 한 달, 한 달 이어 가면서 하나님께서 나를 개인과외 훈련을 시키신다는 것을 알게 되었다. 아무것도 없는데 주는 것의 훈련, 직원 다루는 훈련, 원수 사랑하는 훈련, 용서하는 훈련을 시키셨다. 온전히 말씀대로 사는데 왜 어려운지 이해가 안 되어 반문하고 있을 때, 누가 신학 교수님께 상담해 보자고 했다. '성경을 많이 아는 분이니 더 바르게 알려 주지 않을까.' 생각하고 상담을 받으러 갔는데 교수님은 나더러 신학교를 들어오라고 하셨다.

하지만 내 생각엔 나는 절대로 신학교를 갈 수 없는 사람이었다. 배움도 짧고, 성격도 다른 사람과 말하는 것이 가장 힘든 사람에게 어떻게, 하지만 어찌나 강력하게 학장님께서 오라고 하시는지 어른의 말을 거절할 수 없어 방문하기로 약속하고 학교로 갔는데 그때가 장마철이라 도로가 유실되어 끊어지고 개울을 타고 학교에 도착했다.

학장님은 "예수님을 사랑하는 자가 신학을 배우는 것이고, 하나님을 위해서 목숨까지 버릴 수 있는 사람이 오는 곳이 신학교다." 이렇게 말씀하셨다.

나는 평소에 고백이 주님을 사랑하고 내 모든 것을 다 드리고 살겠다고 '부름 받아 나선이 몸 어디든지 가오리다. 아골 골짝 빈들에도, 소돔 같은 거리에도.', '예수 나를 오라 하네. 어디든지 주를 따라 주와 같이 같이 가려네.' 항상 이 찬송가를 부르면서 내 마음속에서는 '네, 제가 가겠습니

다. 다른 사람이 싫어하는 곳, 힘들어하는 곳에 항상 제가 가겠습니다.'

이렇게 늘 마음으로 고백하고 준비를 했는데 막상 선교회를 방문하고 선교사로 나가려고 하니 자격 학력이 안 되었다. 결국, 나는 선교사를 돕는 사람으로 돈을 벌어서 선교해야겠다는 생각으로 강남을 한번 생각해 보았는데 하나님께서 나를 강남에서 미용실을 할 수 있게 보내 주시겠다고 하셔서 강남으로 옮기는 꿈을 꾸게 되었던 것이다. 그렇게 약속대로 옮겨 왔고 무슨 말씀을 하시든지 말씀만 하시면 다 따르고 힘써 지켰다.

그 후 신학교 학장님으로부터 이해 안 되는 콜링을 받게 된 것이다.

하지만 "저는 사람 만나는 것이 가장 큰 고통이고 세상 지식도 없는데 나 같은 사람이 신학교를 어떻게 하겠어요."라고 거절을 하면 또 전화하셔서 청강이라도 한번 해 보라고 권하셨다.

그래서 어르신의 간곡한 청으로 청강으로 강의를 들으면서 하나님께 기도해 보았지만 아무리 생각해도 아닌 것 같아서 생각을 접었는데 얼마 후 또 전화를 주셔서 한 번만 더 와 보라고 말씀하셔서 할 수 없이 이번이 마지막이라고 하면서 학교를 방문해서 청강 수업을 하고 집으로 오는데 학장님이 오늘 충청도 지방에서 시외버스를 타고 학교 다니는 사람이 있는데 오늘 차로 모셔다 드리는 학생이 못 왔으니 나더러 그 사람 대신 동 서울 터미널까지 모셔다 드리라고 하셨다.

그래서 그분을 모시고 내려오면서 "어떻게 그렇게 멀리서 학교 다니시느냐."고 물으니 자신의 이야기를 하는데 "하나님께 두 손 두 발 다 들고 죽든지 살든지 주님 뜻대로 하소서." 이렇게 되었다는 것이다.

하나님이 일찍 불렀지만, 자기는 자격이 안 된다고 빼고 빼다가 이렇게 육십이 넘은 나이에 신학교를 다니게 되었고 3시간이나 걸리는 곳에서 학교에 다니고 있다는 것이다.

그러면서 내 안에서 "너도 이렇게 다 터지고 만신창이가 되어서 내 앞에 올래?" 하는 마음이 들었다. 나는 "아니요, 하나님 뜻이라면 그렇게 되기 전에 순종하겠습니다." 이런 대답이 나오면서 나를 사랑하시는 하나님이 내가 곁길로 가다가 매 맞고 다 터져서 오는 것보다 순종으로 오는 것이 낫지, 나는 하나님 뜻이라면 '아골 골짝 어디든지 가오리다.' 했던 내가 힘들어서 거절하는 것이 아니고 너무 부족하여 감히 감당할 수 없다고 생각하기 때문에 일단 하나님이 원하신다니 다니기로 결정하게 되었다.

그때 그 자동차 안에서 주님의 음성으로 들었기 때문에 '선교지로 가려면 신학을 안 한 것보다 그래도 하는 것이 낫겠지.' 생각하고 야간으로 열심히 학교에 다니게 되었다. 이미 마음을 정했으면 또 최선을 다해서 해야 하고 가르치는 교수님 말씀을 100% 순종하며 듣는 것이 신학생의 의무라 생각하여 그분이 무슨 말씀을 하든지 다 순종했다.

2) 목사안수를 받아야 한다는 말을 듣고서

나로서는 너무나 터무니없고 말도 안 된다고 생각하면 받아들이지 않는 성격이 있었다.

신년 초에 항상 기도원에 가서 기도하면서 새해 하나님의 인도하심을 구하는데 그해는 아무 계획도 하지 말고 나에게 맡겨 보라는 감동을 주셨다.

목사안수 받기 전에 먼저 하나님이 나에게 말씀하셨다. "너는 많은 간증을 하고 나를 높이지만 사실은 남들은 한 가지의 기도 제목도 이루기 힘든데 너는 다섯 가지의 불가능한 것을 기도로 응답받았지 않니? 나는 너를 위하여 더 많은 것을 주려고 해도 너는 네 생각에 이 정도면 되었다고 생각하고 더 받으려고 쳐다보지도 않는다."는 것이다. 그 말씀을 듣고 보니 맞는 말씀이고 "이제부터 나를 믿고 내가 인도하는 대로 따라오라."는 것이다.

"네 생각을 내려놓고 내가 너에게 주려고 준비한 모든 것을 받을 준비를 하라."는 것이다. 그래서 하나님과 그렇게 하기로 약속을 했다. 처음 한 달은 영 이상했다. 허공에 있다가 갑자기 어떤 변화로 문제가 생긴 것 같았다.

이제부터 내 생각을 다 내려놓고 주님이 인도하시는 대로 감사와 찬양을 하면서 매일 매일을 살아간다는 계획이다.

왜냐하면, 그분은 선하시고 가장 완벽한 분이시기 때문에 내가 있어야 할 모든 것 필요한 모든 것을 채워 주시면서 이끄셨다. 신학교 다니는 동안 나는 너무 기쁘고 늘 주님과 동행하면서 주님의 음성이 들리고 특별

과외를 받는 느낌 여러 가지 많은 것들을 가르쳐 주셔서 늘 감사와 감격으로 주께 영광 올려 드리게 하셨다.

몇 년의 시간이 지나면서 학교에서는 이제 목사안수를 준비하라 하셨다. 나는 절대로 받을 수 없다고 거부했다. 내가 신학을 한 것은 선교지에 가서 너무 성경 지식이 부족하니 배우게 하신다고 생각하여 열심히 신학 공부를 한 것인데 목사는 절대 안 된다고 그리고 여자 목사가 있다는 소리도 들어 본 적이 없는데 신학교에 와서 감리교는 여자 목사가 있다는 소리를 처음 들었다.

그러나 하나님은 계속 내게 말씀하셨다. 그래서 여자 목사를 한번 보고 싶다고 기도했는데 얼마 후 여자 목사님을 처음 보게 되었다.

그 당시는 여자 목사님을 보기가 어려웠는데 기도 응답으로 바로 보게 하셨다.

마지막 기도 후 내린 결론은, '지나친 겸손은 교만'이라는 말과 함께 "하나님 저는 기도도 잘 못 하고 설교는 학교나 교회에서 전도사들이 돌아가면서 몇 번 해 보았지만 제대로 하는 것도 아니고 하지만 외국에서 혹시 세례 줄 일이 있어서 목사를 받으라고 하시는 거라면 기꺼이 받겠습니다. 그러나 나로 인해 천국에 몇 명 안 들어가도 제 책임 아니고 하나님 책임입니다." 이렇게 모든 책임을 하나님께 맡기고 드디어 목사안수를 받게 되었다.

이사야 42:6~7

6. 나 여호와가 의로 너를 불렀은즉 내가 네 손을 잡아 너를 보호하며 너를 세워 백성의 언약과 이방의 빛이 되게 하리니.

7. 네가 눈먼 자들의 눈을 밝히며 갇힌 자를 감옥에서 이끌어 내며 흑암에 앉은 자를 감방에서 나오게 하리라.

3) 목사안수를 받고 나서 (사 42:6~7)

나는 목사이지만 너무나 부끄러워서 다른 사람들에게 내가 목사입니다. 말하자니 쑥스러웠다. 하지만 하나님은 꼭 집회 장소에 가면 사회자를 통하여 목사님들은 앞으로 다 나오세요.

그리고 "성도님들에게 안수하세요." 그러면 당시에 여자 목사가 거의 없던 시절이라 저를 바라보면서 너무 젊지 성품도 조용조용하지 목소리도 제대로 안 나와서 누군가 설교를 한번 해 달라고 하면 큰일이라는 생각이 들어서 모든 것 제쳐 놓고 성경을 더 알기 위해 공부를 더 해야겠다는 생각을 하고 기도도 많이 해서 목소리도 좀 중후한 목소리를 만들기로 했다. 아무리 소리를 지르고 기도를 해도 내 목소리는 변하지 않는 그런 상황이었다.

내 몸이라도 체중을 키워서 나이 들어 보이게 해야겠다는 생각이 들었다. 왜 내 나이는 이렇게 안 먹는 걸까? 신학교를 운영할 때 보면 학생들은 50대에서 70대까지 늦은 나이에 오는 학생들인데 저는 너무 젊은 것이 부담스러웠다. 하나님의 명령이라 안 받을 수도 없어서 목사를 받았는데 어디를 가든지 꼭 앞으로 나오라고 하신다. 그냥 가만히 앉아 있노라면 너의 직분이 무엇이냐 목사냐 집사냐 이렇게 마음에서부터 부담되어서 그냥 있을 수가 없는 상황이었다.

4) 목사가 되고 나서 받는 훈련

3927 성경연구, 헬라어 원어공부, 신학교 분교하다

서른여섯의 젊은 나이에 목사를 받으면서 나는 모든 것을 버리고 오직 주가 원하시는 대로만 따라가야 하는데 내 마음속에 '너의 모든 소유는 내 것이다. 또 앞으로 너에게 일어나는 수입도 내 것이다.'라는 말씀에 잠시 주저했지만, 그렇게 하겠다고 마음먹었다.

하지만 목사 안수를 받고 나니 앞이 캄캄했다. '누가 내가 목사라고 설교 한 번만 해 달라고 하면 어떻게 하나.' 하는 생각에 '이제 무엇인가 제대로 해야 하지 않을까?' 하는 마음도 들었다. 항상 하나님께 나의 상황을 이야기하고 '어떻게 하는 것이 좋을까요?' 기도하는 가운데 국민일보 신문에 '4박 5일 3927 성경연구 세미나'를 한다는 안내문을 보고 신청을 하여 참석하니 6명의 목회자가 참석하였다.

너무나 은혜롭고 지금까지 내가 시골 작은 동네에서 1등을 하는 학생이었다면 신구약 세미나를 듣고 느낀 것은 대도시에 잘한다고 뽑혀 온 학생들 틈에서 나는 어느 정도의 존재인가 생각해 보니 그동안 내가 은혜 받고 주님과 동행했다고 한 것이, 시골 마을에서 1등의 한 학생에 불과했다는 생각이 들면서 더 많이 열심히 배워야겠다는 마음이 들었다.

4박 5일에 3927 성경연구 세미나 통하여 성경이 통째로 머릿속에 들어왔다. 각종 은사와 사역들은 하되, 한쪽으로 치우쳐서 한편으로는 은혜가 되면서 한편으론 성도를 시험에 들게 하고 실족시키는 사역자들을 보면서 '한쪽으로 치우친 사역이구나!' 이렇게 구별되고 균등하게 골고루 성경을 알고 믿음으로 나가야 한다는 생각을 정리하게 되었다.

모든 성경 말씀이 진짜로 내 것이 되려면 2년은 더 성경공부를 해야 한다고 했다.

그리고 세미나 마치는 마지막 날에, 강사 목사님께서 이 사역을 25년 하셨는데 이제는 더 이상 할 장소도 교회도 없어서 이번 세미나를 마지막으로 하려고 가진 돈을 전부를 털어서 했는데 어떠셨느냐는 것이다.

나는 너무 좋았다. 교회를 새롭게 개척한지 얼마 안 되고 교회는 주일만 사용하는데 "그럼 우리 교회에서 성경공부를 하시면 어떠세요?"라고 말씀드렸다. 여기 목사님은 장소가 없어서 이리저리 옮겨 다니면서 지하 한쪽 구석에서 이 사역을 하셨는데 나의 교회는 강남 선릉역 부근 4층에 새로 꾸민 자리라고 하니 무척 좋아하시면서 우리 교회는 그다음 주부터 '목회자 성경공부'를 배우는 장소가 되었다. 성경공부를 하면 마귀가 가장 싫어하기 때문에 이 사역 하시는 분들이 고난도 많고 시험도 많고 어려움도 많은데 여기 성경공부 가르치는 목사님도 이런 상황이었다.

이때부터 목회자 3927 성경연구 세미나가 우리나라에 퍼져 나가기 시작하여 강사 목사님의 사역도 열리기 시작했다. 우리 교회는 40평이었는데 6개월 지나니 이제는 우리 교회 장소가 좁고 넓은 곳이 필요했다.

우리 교회에서 시작하여 목사님들이 많이 참여하고 은혜를 많이 받게 되니, 자신들이 하고 있는 큰 교회들을 내놓으시면서 세미나 500명, 800명, 1,000명 이상 모여들게 되었고 목회자, 전도사들만 모여서 성경공부를 시작하게 된 것이다. 90년대 말 나는 목사가 되어서 아무것도 못 했을지라도 많은 목회자들에게 성경공부를 할 수 있는 장소를 제공해서 3927

성경연구 붐이 일기 시작하여 전국으로 소문이 나, 지방에서도 많이 오시고 어느 작은 교회 목사님들은 점심 드실 돈이 없어서 굶으면서 성경 공부를 하는 것을 보고 김치찌개라도 해 드리면서 점심을 드리게 되니 더욱 은혜가 넘쳤다.

나는 장소를 제공하는 것으로 인해 교육비는 안 받았는데 참 많이 힘들었다. 왜냐하면, 여성 목회자들이 거의 없던 시절이라 여자가 목사를 받아서 무엇 하려고 하느냐, 여자 목사들은 제대로 목회를 하지 못하면서 목사를 받아 교회를 더 어지럽힌다는 것이다.

여성 목회자에 대한 편견과 질책이 심해서 너무나 많은 목회자가 왔다가 그냥 가고 나도 그때는 정말 그만두고 싶었지만 시작하게 하신 하나님 때문에라도 꼭 졸업해야 한다는 의지로 아무리 힘들어도 공부를 하러 다녔다. 세상 지식은 짧아도 성경에 대해서는 꼭 알아야 한다는 생각에 꾹꾹 참고 다녔다.

신학교 학장 목사님은 나에게 학교 분교를 하라고 하셨다. 나로 인하여 신학교에 등록한 학생들이 너무 많아서 신학교도 많은 학생이 늘어났다. 이 또한 기도를 해 보아야 했는데 갈수록 태산 같은 일들만 나에게 일어났다.

나는 이해가 안 갔지만 이런 말을 하게 하신 하나님, 하나님이 원하시면 최선을 다하겠다는 마음, 죽을힘을 다해서 한다는 마음은 항상 가지고 있었다.

기도하고 있었던 그 무렵, 중국에 갈 일이 있었다. 그런데 중국에서 목회자 같아 보이지 않았는데 귀한 목회를 하는 사람을 만났다. 그분이 그때 '북한 사역'을 하고 있었다. 이분을 만나는 순간 '너도 이렇게 사람들이 목사님처럼 안 보아도 내가 너에게 일러준 말은 할 수 있지?' 하는 마음이 생겼다. 그러면서 응답으로 들렸다. 내가 교수는 아니고 각 학과목 교수님들이 오시면 내가 관리하면서 학생들 잘 돌보아 주면 된다는 마음이 들면서 허락을 하였다.

목회자 세미나가 다른 교회로 옮겨지면서 신학교 분교가 되었고 나는 또한 '3927 성경 연구' 공부를 하면서 성경 대학 교재로 한 과목을 가르치게 되었다. 그런데 성령님이 열어 주셔서 학생들은 큰 감동 속에 은혜롭게 학교는 날로 부흥되어 가고 성경 전체가 마음속에서 열리면서 마치 책장에 필요한 책을 뽑아서 골라 보듯이 필요한 성경들이 머릿속에서 떠오르게 되었다. 이 모두가 하나님의 은혜요, 축복이었다. 너무나 부족하여 신학교를 안 가겠다고 하고 목사를 받을 때 하나님께 '정말 저 때문에 몇 사람만 구원을 못 받게 되더라도 그 책임은 주님이 지셔야 합니다.'

이렇게 주님께 말씀드렸고 하나님이 나에게 주시는 마음이 "너는 벙어리가 아니지? 그럼 되었고, 다리 불구가 아니지? 그럼 되었다." 나는 이 두 가지는 하나님 말씀처럼 다 있으니까 이렇게 안수받고 나자마자 3927 성경 연구 공부를 통하여 성경이 통째로 머릿속에 들어가게 하시더니 이번에는 '원어 공부를 하라.'는 것이었다.

교수님 말씀이 원문으로 성경을 보지 않고는 제대로 예수님의 마음을 알 수 없다고 하셨다. 목회자라면 반드시 해야 하는 공부인데 너무 어려워서 많은 사람이 하다가 포기하고 시간이 없어서 못 한다. 하시면서 어떤 주인이 모래가 가득 담은 지게를 지고 운동장 열 바퀴를 돌라고 하면 주인이 이상하다고 하면서 아예 처음부터 포기하든지, 아니면 구멍을 뚫어서 조금씩 새어 나가게 하던지, 어떤 미련한 자는 열 바퀴 모두 돌고 나서 그냥 쓰려져 버린다고 했다.

그러면 주인이 와서 일으켜 세우면서 모래주머니를 모두 가지라고 하는데 그것이 모두 황금으로 변해 있다는 것이다. 이것이 원문을 배우는 사람들에게 주님이 주시는 축복이라는 것이었다.

그 교수님은 주님의 은혜가 너무 커서 자기도 아무 쓸모없는 사람이었는데 예수님을 만나 그 은혜가 너무 크고, 좋은 원어 교수이자 목사님을 만났는데 이렇게 말씀하셔서 공부하게 되었다며 원문으로 공부한 사람은 하나님이 머리가 되게 하시기 때문에, 반드시 세계적인 사람, 사람을 리드해 가는 인물이 된다는 것이다.

나는 주님이 연결해 주셨고 우리 교회 옆으로 이사 오셔서 야간에 공부하는 과정이라서 우선 시간이 좋고 공부를 하겠다고 했다.

그런데 막상 공부를 시작하니, 너무나 어렵고 밤 10시에 하는 공부라 피곤해서 졸면서 공부를 하다 보니 어렵기도 하고 정말 포기하고 싶을 정도였다. 나는 공부를 포기하고 싶었지만, 하나님이 그만두라고 하시지 않아 그냥 계속 나갔다.

교수님은 자신이 열심히 가르치는데 졸고 있다며 나에게 나오지 말라는 것이다. 분필을 던져서 잠을 깨라고 해도 졸고 있으니, 다른 사람에게 지장이 있다고 나오지 말라고 하며 심한 말도 많이 하셨지만, 하나님이 그만두라고 하지 않으시니 나는 3년간 미련한 사람이 되겠다고 계속 나갔다. 교수님이 나보고 하시는 말씀이 노여움도 안 탄다고 더 이상은 말을 안 하셨다.

그런데 사실은 '3927 성경 연구원'을 다닐 때에도 야단맞고 매번 공부하러 갈 때마다 상처받고 그러면 또 겨우 말씀으로 위로받고, 가슴이 멍이 아물어져서 가면 또 상처받고 이런 식으로 반복되다 보니 가슴에 멍이 오히려 흉터 자국이 굳어져서 이제는 어떤 충격에도 견딜 수 있는 단단한 면역이 되었다.

그것 때문에 원어 교수님께 야단맞는 것은 아무것도 아닌 것이 되었다. 사람의 마음이 잘못해서 야단맞을 때는 그래도 당연하지만, 여자 목사 된 것은 하나님의 강력한 부르심 때문에 된 것이며, 내가 하고 싶어서 한 것도 아니기에 매번 그렇게 하시니 약간 억울한 마음이 들어 더 많이 아팠던 것 같다.

5) 아프리카 최 선교사의 부르심

이분을 처음 만났을 때는 내가 서른여섯에 목사 안수를 받고 얼마 지나지 않아서 있었던 일이다.

하나님은 당신을 사랑하는 사명자를 찾으시며 그들의 마음을 알고 계시다. 최 목사님은 그 당시 믿음을 처음 시작하는 분이셨다. 나는 본래 그리 말을 많이 하지 않는 성격인데 이날은 처음 본 남자에게 3시간이나 말을 줄줄이 하게 되었고 사명자이 십니다. 신학 공부를 해 보세요.

예수님을 믿고 주님이 제자로 부르시는 사람들은 이런 특색이 있습니다. 그러므로 신학 공부를 하라고 말했고 그 후 그분이 신학 공부를 하게 되었다.

주님의 종으로 훈련 받으시고 주의 종이 되어서 많은 시간이 흘렀다.

내가 주의 종으로 훈련한 사람들은 겉으로 보기에는 너무 약한 것 같고 부족함이 많은 그런 모습의 사람들이 많았다. 하지만 주님이 택하셨기에 친히 훈련하시고 만드셔서 참으로 귀하게 쓰임 받는 분들이 많다.

또 한 너무나 연약한 그들이 하나님 손에 붙들리면 하나님으로부터 놀라운 은혜와 능력을 받아서 겸손하게 주님의 사역을 잘 감당하는 분들이다.

이분도 자기 같은 사람이 어떻게 그런 일들을 감당하느냐고 하였지만 잘 이끌림을 받아 훈련이 되었다. 얼마 전 서로 약속한 것이 아닌데 아주 오랜만에 우연히 만나게 되었다 그간의 여러 가지 변화 속에 아프리카에 선교사로 나가게 되었다는 것이다. 특별히 그 나라 원어를 능력으로 터득하게 하셔서 부족 언어를 1년 만에 배우게 하셔서 그 나라 언어로 설교

한다는 것이다.

그 아내의 믿음도 대단하신 분이다. 오직 기도로 문제를 해결하셔서 살아서 역사하시는 하나님과 함께 자임을 사람들에게 보여 주는 믿음이었다.

피부미용과 건강관리실을 운영하셨는데 그분은 인천에서 나는 강남에서 당시 피부 관리실을 하고 있었다. 우리는 열정이 넘쳤고 그분은 통솔력이 좋은 분이셨다. 우리는 세계 기독 미용 선교회를 만들어 직업을 통한 하나님이 기뻐하는 일을 하자고 강남까지 오셔서 만나게 되었다. 그 당시 나의 미용 선교 소문이 방송을 타고 멀리멀리 퍼져 가게 되었다. 이분은 또 한 고주파 의료기를 판매할 때에 당시 육천오백만 원 하는 의료기를 기도하고 병원에 가서 영업하면 병원 원장님이 구매한다. 모든 일을 하면서 오직 기도로 하나님이 함께하시는 것을 사람들에게 보여 주는 많은 기적의 주인공이다.

불가능한 모든 문제 앞에 모든 것을 기도로 해결하시는 분이시다.

나는 30년 전 토탈 미용센터를 하면서 머리 미용 피부미용 건강관리 이렇게 3개 부분에 관리 센터 매장을 하고 있었다.

그런데 우연히 만나게 되었고 남편은 목사님이 되셔서 아프리카 선교사로 가시게 되었고 본인도 이제 선교지로 가신다고 했다. 우리는 하나님 안에서의 시간이 우리를 훈련하시느라 어떤 때는 느린 것 같고 어떤 때는 하루에 몇 번의 일들을 순식간에 행하시는 것은 본다.

그래서 돌이켜 보면 시간을 단축시키셔서 처음 우리에게 주셨던 비전의 시간대로 인도하신다는 생각이 들었다.

최근 들어 오래전에 만났던 믿음의 동료를 여기저기서 자꾸만 만나게 되면서 마치 타임머신을 타고 과거에 갔다가 현재에 왔다가 하는 느낌이다. 하나님의 시간대 안에 들어가면 오랜 시간이 지나간 것이 바로 연결해서 무언가 새롭게 일하시는 주님을 뵙기도 한다. 하나님이 나에게 주신 모든 것들을 제주에 와서 10년 훈련하시고 다시 이루어 가시는 주님의 시간대에 다시 들어와 있는 느낌이다. 카이로스 주님의 시간대 자비량 전문인 선교사훈련 양성 후원을 하나님이 늘 말씀하셨던 것을 다시 시작하시고 펼쳐 나가시는 것을 느끼고 있다.

배움의 열매

수 1:7~9

1:7 오직 강하고 극히 담대하여 나의 종 모세가 네게 명령한 그 율법을 다 지켜 행하고 우로나 좌로나 치우치지 말라. 그리하면 어디로 가든지 형통하리니.

1:8 이 율법책을 네 입에서 떠나지 말게 하며 주야로 그것을 묵상하여 그 안에 기록된 대로 다 지켜 행하라. 그리하면 네 길이 평탄하게 될 것이며 네가 형통하리라.

1:9 내가 네게 명령한 것이 아니냐 강하고 담대하라. 두려워하지 말며 놀라지 말라. 네가 어디로 가든지 네 하나님 여호와가 너와 함께 하느니라 하시니라.

롬 8:37~39

8:37 그러나 이 모든 일에 우리를 사랑하시는 이로 말미암아 우리가 넉넉히 이기느니라.

8:38 내가 확신하노니 사망이나 생명이나 천사들이나 권세자들이나 현재 일이나 장래 일이나 능력이나

8:39 높음이나 깊음이나 다른 어떤 피조물이라도 우리를 우리 주 예수 안에 있는 하나님의 사랑에서 끊을 수 없으리라.

1) 헬라어와 히브리어를 배우다

내가 졸면서 제대로 듣지 못하고 공부도 30~40% 정도만 이해하고 따라가는 수준이니 공부다운 공부가 아니었는데 2년이 지나고 이제는 원문 설교로 교수님이 말씀 풀어 주실 때 갑자기 귀가 열리고 깨달아져 눈이 동그랗게 떠지면서 날마다 심장이 벌렁벌렁 흥분되는 감동의 수업이 되었다. 물론 전혀 졸지도 않고 기쁨이 충만한 시간이었다.

지금까지 내가 신앙생활 한 것이 원문에서 말씀하시는 예수님의 가르침 그대로 받았다는 것이다. 성경 원문에는 현재 분사 형으로 지금 예수님이 계시는 현장에서 말씀을 듣는 것처럼 듣고 이해하라고 하시면서 지금 예수님이 옆에서 말씀하시는 것처럼 말씀을 받으라는 것이다. 그동안 내가 하나님을 알고 경험하면서 체험했던 모든 것은 원문으로 하나님이 찾아와 주셨다는 것이다. 그동안 깨달은 것도 모두 원문으로 하나님의 말씀을 이해하고 받아들이면서 엄청 은혜를 주셨다는 것을 깨닫게 되었다.

'지금까지 믿고 따라왔던 모든 것이 예수님이 말씀하시고 가르친 대로 내가 믿었구나.'

나는 심장이 뛰면서 붕붕 떠다니는 느낌이 들었고 너무 기쁘고 행복해하니, 교수님도 어떻게 그렇게 많이 달라졌냐고 물으셨다.

나는 나를 특별하게 찾아와 주신 하나님, 예수님, 성령의 인도하심 속에 성경이 더 깊이 있게 보이면서 성경 스토리 역사 속에서 금방 들어가 이해가 되고 보여지는 현상이 되어 사람들에게 설명해서 설교하면 은혜 받고 또 목사가 되어서 일반 분교로써 바로 학생들을 가르치게 되었다.

한글 성경 '3927 성경 연구원'과 원어를 배우고 익힌 것을 학생들에게 가르치고 알려 주면 학생들의 믿음이 날로 날로 성장하고 학생들이 따르며 학교도 부흥하게 되고 너무나 많이 좋은 영향을 끼치게 되었다.

하나님이 나를 통하여 하신 일들이 많은 사람들을 주의 종의 길에 서게 하여서 주님께 부름 받은 소명의 부르심에 응답하고 사명자의 길을 잘 감당하게 하였다.

모래알이 황금으로 변하는 과정. 헬라어 교수님이 늘 하시는 말이다. 예수님 당시에 예수님이 가르쳤던 방식은 헬라어를 배워야 잘 이해할 수 있고 영어는 한국말의 5배 깊이가 있다면 원문은 20배의 깊이와 높이가 있다며 그래서 목회자는 원문을 배워서 성도들에게 바로 가르쳐야 한다고 말씀하셨다.

교수님 당신도 헬라어 히브리어 원문을 배우고 나서 성경 보는 것이 너무 꿀맛이어서 밤에 잠도 안 자고 이불 속에서 공부하게 되었고 이 비밀을 배우고자 하는 사람들에게는 언제든지 가르치겠다는 마음을 주셔서 주간 반, 야간반, 심야반까지 개설하여 공부를 가르친 것이다. 이렇게 '열심'이 '득심'이 되어 가르치니 사모님도 싫어할 정도로 '원문 설교 강해'에 거의 미쳤다고 할 정도였다.

그 어떤 교수님보다 말씀이 뛰어나고 실감 나고. 은혜가 넘치는 원어 공부를 많은 사람이 하고는 싶지만, 중간에 포기하게 되어 100명 중 1명이 겨우 남아 하는 것이 원어 공부라고 하셨다.

나는 하나님께서 나에게 목사가 되라고 하실 때 너무 말이 안 되는 말씀이라고 거부를 하였는데 역시 하나님의 말씀은 다 옳고 지도자가 말씀하실 때는 무엇인가 이유가 있어서 말씀하신다고 깨달았다.

2) 검정고시로 대학원까지

나는 얼마나 공부하는 것을 좋아했는지 모른다. 가난한 사람이 자기 자존심이나 프라이버시를 높이려면 공부를 하는 것이 가장 쉬운 방법이다. 돈을 많이 버는 것은 쉬운 일이 아니다.

하지만 하나님이 "너는 나를 따라오라." 하신 말씀 때문에 오직 주가 시키는 대로 따라가다 보니, 내가 가장 좋아하던 공부하는 것을 포기하고 주의 말씀을 따라왔다. 그런데 내 나이 마흔에 공부를 하라는 마음을 주셨다.

너무 늦은 나이고 이제 하나님을 알고 보니 서울대를 나온 것보다 더 좋고 큰 것이 주의 말씀을 공부하고 주님을 알게 된 것이다. 자존감도 높아졌고 절대적으로 공부를 하겠다는 마음도 식은 나이 마흔에 공부를 하라는 것이다.

그러나 이제 목회자로 가면서 돈도 없는데 어떻게 하나 생각했다.

하나님이 한번 말씀하기 시작하면 계속해서 말씀이 들리기 때문에 거부할 수가 없다. 그래서 야간 학교가 있나 알아보는데 학교는 없고 검정고시 학원은 너무 많은 돈이 있어야 했다. 그래서 기도하는 가운데 인터넷을 찾아보았지만 아무리 찾아봐도 없었다. 3일 동안 찾아보고 없으면 그만둬야지 할 수 없다고 생각하고 찾는데, 불과 한 달 전 멀리서 있던 학교가 내가 사는 집 옆으로 이사 와서 인터넷에 올린 것이 드디어 나의 3일간 기도하는 동안 검색이 된 것이었다. 할렐루야!

하나님은 모든 것을 알고 계시기에 나의 형편과 사정에 딱 맞는 장소와 환경을 허락하신 것이다. 돈도 없는데 무료로 교육해 주니 너무나 좋은 학교를 연결해 주셨다.

이렇게 시작한 공부가 고검 대검을 11월에 시작하여 4월에 시험을 치르고 대검까지 6개월 기간에 마치게 하셨다. 사람들은 나보고 천재성이 있다고 했다. 하지만 모든 발걸음마다 하나님이 도와주셨고 나는 믿음으로 대학교 입학원서를 냈다. 아직 합격 발표는 안 났지만, 하나님이 시키신 일에 하나님이 책임져 주실 것이라는 믿음으로 그렇게 믿고 밀고 나갔다.

대학원을 가야 하는가 하는 마음에 대학원 학비가 오백만 원이 넘는데 어떻게 해야 하나, 하나님께 기도했다. 미용 대학을 설립하고 정식 교수가 되어야 강의를 할 수 있기 때문에 대학원 가서 논문을 쓰고 학위를 받아야 했다. 하지만 너무나 많은 학비 때문에 하나님께 "입학금을 주시면 하나님이 가라는 것으로 알겠습니다." 하고 기도를 드렸다.

정말 생각지 않은 분으로부터 학비를 주시겠다고 응답을 받았다. 대학원은 이과로 대체의학의 비만 학과를 공부하게 되었다. 왜냐하면, 나는 미용 기술뿐만 아니라, 대체의학의 비만학 기술로 많은 사람을 고치고 치유하는 일을 하게 하셨다.

본래 기술로는 이미 실력이 있지만 다른 사람들이 인정해 주는 학위가 필요하기 때문에 공부를 해야 하는 것이다. 하나님이 나의 비전 속에 학교를 세워서 제자를 양성하기 위해서였다.

일본 야마노 아이꼬 미용대학 수료
탈모전문크리닉,메이크업,건강관리센타운영
한성디지털대학교졸업 미용예술학사,평생교육사
대학신학교 미용선교학과장

3) 대체의학을 배우다

엄마의 귀가 열리다

우리 어머니는 귀가 들리지 않게 되어 병원에 가니 더는 고칠 수가 없다고 했다. 엄마는 한쪽 시력을 잃고 한쪽 눈만 사용하셨는데 귀까지 안들리니 넘어지셔서 여기저기 다치고 보통 큰 문제가 아니었다. 내가 대학원을 가서 공부 중에 영양학을 배우게 되었는데 우리가 영양이 얼마나 중요한지 모든 질병의 문제가 먹는 문제에서 시작된다는 것을 알게되었다.

내가 대학원에 와서 영양학을 배워 보니 나만 배울 것이 아니라, 전 국민이 영양학을 기본 교양 교육으로 절대적으로 배웠으면 하는 생각을 하게 되었다.

우리의 일상 식사가 한식 식단처럼 매일 영양식으로 먹어야 하는데 누가 매일 그렇게 먹는단 말인가, 양으로도 부담스러워서 못 먹고 경제적으로도 감당하기 어려운 상황이다.

그래서 우리 어머니 건강이 안 좋고 귀가 안 들리는 것도 영양이 부족해서 그럴 수 있다는 생각이 들어서 어머니께 '영양 발란스'를 채워 줄 수 있는 건강식품을 공급해 주었더니 엄마의 귀가 들리기 시작했다.

얼마나 놀라운 일인가. 귀가 80% 이상 들리게 되고 간단하게 이야기하자면, 언어 소통이 되고 병원에서 수술도 안 되고 방법이 없다고 했었는데 이렇게 귀가 회복되어 돌아가실 때까지 그런대로 지내실 수 있었다.

어머니께 나타난 기적을 한 가지 더 말하자면 엄마는 한쪽 눈은 실명이고 한쪽 눈이 점점 안 보이면서 혼자서는 아무 데도 갈 수가 없었다.

병원을 여기저기 찾아다녀 보았는데 최종 결과는 '녹내장으로 점점 실명이 되어 가는 것'이라고 했다. 정말 큰일이었다. 우리는 기적의 하나님을 알기 때문에 신학생들과 더불어 날마다 엄마의 시력 회복을 놓고 기도를 했다. "죽은 자를 살리시는 하나님. 주님만이 해결하실 수 있습니다." 이렇게 계속 기도하면서 병원을 다니며 하나님이 치료해 주시기를 같이 구했지만, 최종 결과는 녹내장으로 불가능하다고 했었다.

그런데 한 가지 방법은 누군가 각막을 이식해 주면 된다는 것이다. 나의 외할머니가 계셨는데 건강이 점점 안 좋아지면서 돌아가시게 되었었다. 그런데 할머니는 백내장 수술을 하셔서 돌아가실 때까지 바늘귀를 끼시는 그런 시력이셨다.

그래서 할머니께서 당신이 돌아가시면 바로 각막 기증을 하시겠다는 사인을 하시면 된다는 것이다.

할머니 건강이 안 좋으시니 할머니가 대답하셔야 하는데 물어도 대답을 하지 않아서 사인을 받으려고 기회를 보며 설득 했는데 할머니는 더이상 대답을 하지 않으시고 결국 돌아가시고 말았다. 자녀들이 형제들이라고 해도 허락하지 않으니 우리 어머니도 의사 선생님도 안타까워했다. 그런데 의사 선생님이 다시 한번 검사를 해 보자고 하셨는데 백내장만 있다고 하시는 것이었다.

분명 그 병원에서 녹내장 진단이 나왔던 것이고 점점 시력이 약 해져서 더 이상 혼자 움직일 수 없는 상황까지 갔던 것이다. 그런데 녹내장은 없어지고 백내장은 수술만 하면 된다는 것이다. 그래서 간단하게 수술을 하고 엄마는 눈을 뜨게 되셨다.

정말 기적이었다. 눈을 뜨고 귀가 열리고 하니 나는 더 확실하게 영양이 얼마나 중요한지 또 우리 몸에 건강을 위해서 무엇을 어떻게 해야 하는지 대체의학, 예방 의학 등을 실제 체험을 통하여 배우고 익히고 확실히 확인하게 되었다.

4) 대학원 졸업시험 영어로 치르다

영어 실력이 짧은데 영어로 졸업시험을 봐야 한다. 과연 영어로 시험을 치를 수 있을지 걱정이 태산이었다. 1학년 2학기부터 시험을 보기 시작했다. 한번에 합격을 할 수 없기 때문에 반복하다 보면 무엇인가 요령도 있고 지혜가 나올 수 있을 거라 생각했다. 내 예상대로 첫 번째 떨어지고 두 번째도 떨어지고 점점 걱정되기 시작하고 기도를 하고 세 번째만에 하나님의 은혜로 통과하게 되었다. 젊은 학생들이 나에게 어떻게 했느냐고 부러워했다.

모두가 하나님의 도우심이었다. 모두가 하나님이 명하시면 책임은 하나님이 지시는 것이다. 나는 단지 순종으로 말씀이 인도하는 대로 가면 되는 것이다. 이렇게 하나님과 동행하는 가운데 석사과정을 통과하게 하셨다. 이제 남은 것은 박사과정을 하느냐 어떻게 해야 하는지 기도하는 가운데 하나님의 강력한 인도하심이 없어서 박사과정은 하지 않았다.

공부하는 것도 주님이 인도하셔야 하는 것이고 내가 박사를 받는 것도 주님의 일을 하기 위해서 하는 것이다.

학교를 세우기 위해서는 반드시 박사과정이 필요하다고 해서 공부를 하려고 했는데 예전에 미국대학분교나 이런 방법들이 있었지만, 점점 까다로워지고 모든 것을 내려놓고 하나님의 인도하심을 바라보면서 믿음의 선진국은 미용 선교에 대하여 어떻게 반응하나 생각하고 미국 시카고에 2008년 '한인 선교대회'를 신청하고 방문했다. 하지만 신앙은 미국이 앞서지만, 미용 선교는 나에게 감동을 주서서 그동안 이끌어 오셨기 때문에 미용으로 선교하는 일은 나에게 명령하신 일이라는 것을 깨달았다.

하나님이 인도하시는 대로 가야겠다는 마음이 들었다. 모든 것을 내려놓고 기도하는 중에 모든 재산 전부를 동원하여 순교적인 마음으로 미용학원을 하면서 제자를 양성하는 방향으로 계획하고 진행하였다.

내가 가지고 있는 모든 재산을 전부 정리해서 투자하는 가운데 여러 가지 문제점과 어려움 등을 겪으면서 2년 만에 더는 운영할 수 없는 상황에 처하게 되었고 많은 사람들이 안타까워하면서 함께 기도를 해 주셨음에도 불구하고 모든 것이 이루어지지 않았다.

使命(사명)

미용 선교회를 세우다

요한복음 4:34~38

34. 예수께서 이르시되 나의 양식은 나를 보내신 이의 뜻을 행하며 그의 일을 온전히 이루는 이것이니라.

35. 너희는 넉 달이 지나야 추수할 때가 이르겠다. 하지 아니하느냐 그러나 나는 너희에게 이르노니 너희 눈을 들어 밭을 보라 희어져 추수하게 되었도다.

36. 거두는 자가 이미 삭도 받고 영생에 이르는 열매를 모으나니 이는 뿌리는 자와 거두는 자가 함께 즐거워하게 하려 함이라.

37. 그런즉 한 사람이 심고 다른 사람이 거둔다 하는 말이 옳도다.

38. 내가 너희로 노력지 아니한 것을 거두러 보냈었노니 다른 사람들은 노력하였고 너희는 그들의 노력한 것에 참여하였느니라.

1) 낙도 오지에 미용 봉사로 교회를 섬김

왜 내 삶이 이렇게 어렵고 힘들었는지 돌이켜 보니 내 가족을 위해서 살았다는 것을 알게 하시고 이제 주님이 원하는 일에 첫 번의 우선순위를 두어야겠다는 생각이 들었다. 그때부터 하나님이 원하시면 한 달에 한 번만이라도 원하는 곳에 드려야겠다고 생각하고 낙도 오지에 '미용봉사'를 가서 나는 시골 사람들에게 전도하고 목사님은 부흥회를 인도하면서 복음을 전했다.

전라도로, 경상도로, 충청도로 2박 3일씩 시골 미용봉사를 하면서 부흥회에 참석하고 작은 교회를 살리는 운동을 했다.

이 세상에서 산다면 얼마야 산다고 하나님의 뜻을 거역하면서 산들 무슨 평안함이 있겠는가. 이제 주님과 화평 가운데 사는 것이 가장 좋은 삶이지.' 이렇게 생각하고 항상 주어진 일에는 최선을 다하는 마음이 내가 가지고 있는 신조이다. 그래서 그다음부터 신학교를 다니게 되었으니 이제는 신학교 학장님의 지도를 받으면서 해야 하는 것이 나의 의무이고 학생의 본분이었다.

우리는 여기서 잠시 생각을 해 보고자 한다. '미용 봉사'를 하면서 교회 살리는 일이 얼마나 중요한가? 이제 그 일을 잘하겠다고 다짐하고 헌신했는데 하나님이 나를 신학교로 인도했으니 이제는 성실한 신학생으로서 교수님과 학장님의 가르침에 순종하고 나가는 것이 맞는 것이었다.

내가 전국에 교회 살리기 운동을 한다고 2박 3일 지방 순회를 하지, 신학교 다니지, 더욱 분별이 필요한 상황이었다. 학장님은 "학생은 배울 때 열심히 잘 배워야 한다."고 하시면서 "봉사하는 것은 나중에 졸업하고 지금은 수업에 충실하라."고 말씀하셨다. 선교는 무엇보다도 중요한 일인데 하나님이 공부하는 일도 시켰다면 이 또한 잘해야 하는 것이 맞는 말씀이었다.

일하면서 신학교를 다니는 일은 쉬운 일이 아니었다. 집안 경제 문제, 친정엄마. 올케네 가정, 사업장 운영, 새롭게 만든 체형관리실, 내가 살고 있는 가정, 이렇게 다섯 군데의 살림을 해야 하는 가운데 신학교까지 다니게 되니 엄청난 부담이었다. 하지만 살든지 죽든지 오직 모든 것은 주님 손에 있어서 주님이 인도하는 대로 행할 때 주님이 책임져 주실 줄 믿고 살아가기로 마음먹었다.

우연한 기회에, 문 닫아 놓았던 왕십리 피부관리실 가게가 예전 마천동 미용실 집주인 가게인데 운영하다 안 되어 문 닫아 놓았다는 이야기를 들었다. 그래서 월세만 주고 쓰는 조건을 허락받았다.

그런데 신학교 다니고 순종하니 옛날 생각이 났다. 열아홉 살 때 누가 가게 차려 놓고 나를 그곳에 데려다 놓고 가 버려서 그곳에서 울며 시작하였지만 많은 돈을 벌었던 것처럼 여기 가게도 문 열고 강남에서의 경험이 1년이나 쌓였고 노하우가 생겨서 운영을 하니 3개월 만에 집을 사고 새 자동차도 생기고 강남구, 송파구, 동작구, 성동구 일대의 우리 가계가 '소문난 체형관리 전문점'이 되었고 이제 미용실은 없애고 '체형관리센터'를 운영 하면서 전도사로서 물질의 복을 많이 받게 되었다.

갑자기 유명해졌다. 진짜 금 열쇠, 금목걸이 등 업계에서 우수한 업체로 많은 임상 데이터를 내었고 다른 사람들에게 노하우를 발표하고 회사 성장 발전에도 큰 공로자가 되었다. 비만 전문가로서 소문나고 유럽에 최신기술을 계속해서 배우고 늦게 시작했지만, 열심히 했기에 항상 1등의 자리에 있게 되었다.

신학교를 들어가서 배워 보니 교회에서 배우는 것과는 많이 다른 것을 느꼈다. '양'의 복음에서 '소'의 복음이라고 이제 축복보다는 주님이 가신 길 주님이 원하시는 것은 주님처럼 십자가 지고 죽기까지 순종하시고 모든 것을 전부 주고 가려는 자세가 제자의 자세라는 것을 알게 되었다. 왼손이 하는 것 오른손이 모르게 하고 오직 주만 드러나야 하는 것 등 교회에서는 어린 성도에게는 이런 것을 가르치지 않기 때문에 신학교 가서 더 큰 은혜를 받고 더 많은 기쁨을 누리고 내게 일어나는 모든 것은 주님이 나에게 무엇인가 말씀하고 싶으실 때 전화를 하시는 것이라는 깨달음이 와서 문제가 생기면 '무슨 말씀을 하시려고 부르시지?'

이렇게 생각하고 기도하고 작정 기도도 하면서 언제나 주님의 음성을 들었다. 신학교를 다니면서 이해가 안 가고, 의문이 생겼던 성경 말씀들이 충분히 풀리면서 나는 더 기쁘고 간증도 많아졌다. 정말 많은 사람들이 나를 바라보며 신학교 다니기를 정말 잘했다고 말했다.

새롭게 더 성숙 된 신앙인의 모습으로 본래 말을 잘하는 사람도 아니고 5분 지나면 이야기 듣던 사람들이 자리를 떠나갔었는데 신학교를 다닌 후로 많은 사람들을 신학교로 인도 하고 주의 종의 길로 가는 많은 사람들이 나오게 되었다. 다른 이야기가 아니고 내가 갈등하고 고민하던 것이 풀리는 등 내가 갈림길에 있다가 결정한 이야기를 하면서 하나님의 음성과 하나님의 인도하심을 이야기를 해 주었습니다.

그러면 자신들도 신앙의 문제가 풀리고 자유 함과 주님이 주시는 평안을 누리면서 성숙한 신앙인으로 성장해 가는 보았습니다.

필리핀에서

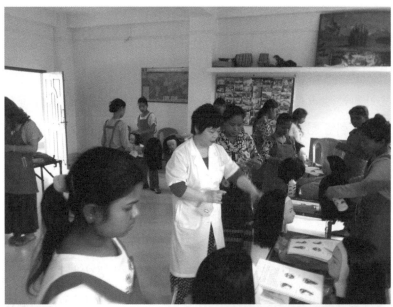

2) 필리핀에 미용 선교를 하면서

내 마음속에 나는 너무 어려서 미용을 배웠고 친구도 못 만나고 쉬는 날 없이 미용실에서 꼭 손님이 토요일 일요일에 2배 3배 많기 때문에 친구들과 한번도 놀러 간 적이 없었다. 이렇게 내 모든 자유와 행복을 빼앗아 가는 미용 일은 '결혼하면 끝이다.' 생각하면서 나는 미용 일 하는 것을 싫어했다. 기회만 있으면 '언제 그만둘까?' 그런 생각을 한 적이 많이 있었다. 미용기술 있는 내가 너무 싫어하지만, 하나님 나라 확장에 도움이 된다면 나는 싫어도 하나님을 위해서는 헌신해야지 하는 생각을 하게 되었다.

이렇게 바뀌게 된 계기가 있었다. 30년 전 처음으로 필리핀에서 미용 선교를 하면서, 선교사님이 계속 사역을 하실 수 없다는 이야기를 듣고 필리핀 선교를 가기로 결정했다. 필리핀 공항에 도착하니 정말 공항에 딱 내리는데 뜨거운 바람이 '훅'하고 들어왔는데 숨을 쉴 수가 없었다. 그 당시 필리핀 공항에 에어컨이 없었다. 비포장 된 공항 주차장 어디서 왔는지 지프니 자동차가 우리를 싣고 한참을 가는데 비포장도로에 먼지와 뜨거운 더위에 저절로 기도가 나왔다. 2시간 30분 정도 달려 한참 후에 어느 마을 사랑채 같은 곳에 도착하였다.

벌써 동네 아이들이 몇백 명이 모여 있는 것 같았다. 너무 더운데 선풍기도 없고 부채도 없고 종이 한 장 없었다. 종이라도 있으면 부채를 만들어 부치면 좋겠는데 그곳 필리핀 사람들은 땀나면 나는 대로 그냥 흘리는 것이다. 너무 뜨거워 하나님께 기도할 수밖에 없었다. "하나님, 구름을 보내 주세요. 너무 더워서 죽을 것 같습니다. 하나님 바람도 보내 주세요." 이렇게 기도하면 하나님이 기도에 응답을 바로바로 해 주셨다.

그래서 나는 선교지 갈 때마다 느끼는 것이 있는데 선교지에서는 하나님의 응답이 빠르다. 다른 어떤 방법도 없으니까. 그래서 나는 하나님을 보고 싶으면 선교지에 가자고 사람들에게 종종 말하곤 한다. 겹겹이 둘러싸여 있는 인파로 내 눈에는 검은 머리카락만 보였다.

내가 다른 사람보다 손이 빨라서, 빨리하는데도 정말 많은 사람들이 모여 오는 것이다. 3일 동안 소문나서 250명이 넘는 사람들이 몰려왔고 나는 하루 종일 머리를 자르는데 사람 뒷머리만 보았다.

하루 종일 자르고, 저녁이면 부흥회를 인도하고, 한복 입고 찬양을 부르고, 설교 끝나면 사람들 머리에 한 사람씩 안수해 주었다. 그곳에서 하나님의 기적이 일어났다.

4년 사역 동안 성도 한 명 없어서 더 이상 이 사역은 나에게 안 맞는다고 생각하여 선교를 철수하고 포기하겠다는 선교사님께 미용 선교 딱 한 번만 하시고 포기하시라고 말씀드렸다. 한국의 리더가 사모님이신데 미용사 한 명을 금식하면서 불러내고 이렇게 필리핀까지 데리고 와서 은혜롭게 마을 사람들에게 영향을 주고 감동을 주니 필리핀 사람이 자신의 사랑채를 교회에 드리겠다고 하신 분이 계셨다. 그때 머리 자른 사람들이 교회에 다 나온다고 하였고 또 다른 지역에 함께 선교에 참여한 집사님들이 헌금을 모아서 500만 원으로 교회 하나를 더 세우게 되었다. 선교사님도 너무 기뻐하셨고 모든 사역을 은혜롭게 잘 마쳤다. 선교사님은 4년을 섬기면서 선교했는데 성도가 없었는데 단 7일 만에 교회가 두 군데 세워지는 것을 보면서 나는 한국에 가면 미용인들 에게 "당신의 생애 단 한 번만이라도 미용 선교를 해 보세요." 내 인생의 1주일이 없다고 해서 큰일 나는 것은 아니니까 내가 반드시 미용인 모임에 가서 이 사실을 알려야겠다고 다짐하였다.

모든 봉사 일정을 마치니 선교사님은 너무 기뻐하면서 우리에게 "팍상한 폭포로 하루 여행을 가시겠어요. 산호섬에 가시겠어요." 같이 갔던 사람들이 산호섬에 가서 산호도 따고 싶다며 우리는 그곳에 가기로 했다. 우리는 맛있는 점심 준비를 해서 아침 일찍 일어나 모든 준비를 하고 30분을 배 타고 들어가면 되는 산호섬을 향하여 통통배에 13명의 사람이 탔다. 그런데 1km쯤 지점에서 배에 물이 들어오기 시작하여 처음에는 물을 퍼냈다. 모터가 고장 나니 더 많은 물이 들어와서 순식간에 배는 점점 더 바닷속으로 가라앉게 되었다.

점심 맛있게 먹으려고 가져간 여러 가지 많은 음식들을 모두 바다에 던지고 열심히 물은 퍼내었지만 배는 빠른 속도로 가라앉기 시작했다. 선교사님 딸은 4살이 되었는데 목에 목마로 태우고 우리는 빠져들어 가는 배 속에서 동시에 주님을 부르며 방언이 터져 나오고 한쪽에서는 울고 이제 우리가 죽는구나 하는 마음과 나의 마음 한쪽에서는 하나님이 이렇게 빨리 죽을 사람에게 그토록 많은 비전을 주고 꿈을 주신 걸까 이런저런 생각들이 교차되면서 여권을 목에다 매라는 소리가 들렸다.

우리가 어디로 표류하더라도 여권이 있어야 한다고 하면서 나는 이 배가 파선되면 그 대나무 조각이라도 꼭 끌어안고 어느 해안가에 표류하게 될지도 모른다는 생각이 들었다. 그리고 물은 점점 많이 들어오더니 가슴까지 잠기게 되었다.

이제 물은 더 이상 차지 않게 되었다. 알고 보니 대나무로 만든 배라 대나무 속에 공기가 있어서 아주 가라앉지는 않는다는 것이다.

하지만 하늘은 점점 어두워지고 바다 풍랑이 일어나면서 배가 뒤집어지려고 했다. 우리 한국 사람과 필리핀 사람이 "발란스~!"라고 외치면서 앞으로 한쪽 방향으로 숙이던지 또 반대로 풍랑 방향에 따라 앞으로 굽혔다, 뒤로 젖혔다를 반복하면서 기도도 하고 울기도 하는 상황이 1시간이 지났을까?

온몸은 아프고 그런데 어두컴컴하고 앞도 잘 보이지 않는 상황 곧 소나기가 당장 쏟아질 것은 칠흑 같은 어두움 속에서 어디서 나타났는지 커다란 고깃배 한 척이 나타난 것이다. 우리 배는 물속에 가슴 정도까지 잠겨 있었기 때문에 잘 보이지 않는 상황이었다. 그 배에서 우리가 처음 탄 항구는 안 가는데 어떻게 하겠는가. 우리는 무조건 태워 달라고 해서 우리가 내린 부두는 처음 우리가 탄 부두와 거리가 2시간 이상 걸어야 하는 곳이었다. 아침부터 시작하여 11시 정도에 섬에 도착하기로 했던 모든 것이 바뀌어서 다른 부둣가에서 맨발로 걸어야 했다. 신발은 바다에서 모두 없어졌다.

온몸은 바닷물에 쓸려서 상처투성이로 쓰리고 아팠다. 걸어서 2시간 후에 처음 탔던 부둣가에 도착하여 바다에 젖은 옷을 빨아서 말리고 오후 3시가 넘었다. 그때서야 간단한 점심을 먹고 마닐라를 행하여 들어오는데 소낙비가 바켓스로 퍼붓는 것 같은 비가 쏟아졌다. 하루 일어난 일들을 생각하면서 창가에 기대어 있는데 사탄이 "흥, 그냥 갈 수 없지." 하는 느낌이 들면서 창밖으로 휙 하고 나가는 느낌이었다. 순간 사탄이 집에 네 살 된 어린 아들을 괴롭힐 것 같다는 생각에 '사탄아, 당장 물러가라.' 속으로 외쳤다. 방언 기도를 하면서 마닐라 시내에 도착했다.

다음 날도 사탄은 우리를 또 공격했다. 시내 한복판에서 자동차 타이어가 빵꾸가 났다. 말도 안 통하는 시내 한복판에서 크락션 소리가 여기 저기 나면서 난처한 상황을 맞았다.

우리가 기도해야 하는데 기도가 부족했다. 쉬지 말고 기도하라고 하셨는데 은혜가 넘치면 더 많이 기도해야 한다. 다음 날 한국에 와 보니 어제 차에서 오는 도중 사탄이 '흥, 그냥 갈 수 없지.' 하는 그 시간에 아들이 목욕하고 아이스크림 먹었다는데 감기가 심하게 걸려 있으면서 영적 전쟁의 치열함을 경험하게 되었다. 사람의 입장에서 보면 필리핀에 많은 영혼이 교회에 다니겠다고 결정하고 교회가 두 개나 생기고 이런 상황인데 할 수만 있다면 마귀는 우리를 공격하고 훼방하려고 하겠지만 우리는 이런 때일수록 예수님께 굳게 매달려서 오직 기도와 믿음으로 승리해야 함을 깨닫게 되었다.

이 사건은 후에 필리핀 일간 신문에 큰 기사로 나오게 되었고 이것이 교회가 부흥하게 되는 사건이 되었다. 이 선교사님은 지금까지 필리핀 선교를 잘하고 계시고 교회와 신학교, 그리고 기도원을 하고 있으시다는 말을 전해 들었다.

3) 기독 미용 선교 단체를 찾아서

　종로에 '미용 선교 단체'가 있는 것을 알게 되었다. 우리 집에서 거기까지 퇴근하고 가면 두 시간을 가야 하는데, 1주일에 한 번 하는 모임에 가서 "미용 선교가 얼마나 중요하고, 많은 영혼을 주께로 돌아오게 하는지, 일생에 단 한 번만이라도 미용 선교 합시다."라고 외치게 되었다. 그때 CBS 라디오 방송국 PD가 알게 되어서 '새롭게 하소서' 출연해서 간증해 달라고 당시 고은아, 민창기 아나운서가 하신 것으로 기억하는데, 91년 도쯤 간증을 하게 되었다.

　얼마 후 '극동방송'에서도 간증을 해 달라고 해서 간증을 하였고 '미용 선교사'들이 많이 나오기를 바라는 마음에 간증 프로그램에 참여하는 인터뷰를 했다. 필리핀 선교 갔다 온 후로 하나님이 포상으로 갚아 주신 것이 강남 삼성동에 있는 강남 구청 옆으로 미용실을 이전하게 하셨고 그 후 지방 교회를 순회 하면서 봉사하고 저녁에 부흥회 하는 것은 한 달에 한 번씩 하다가 신학교로 부름받은 학생으로서 신학 공부에 충실했다.

　일반 성도의 미용인들이 생각보다 봉사하기가 그리 쉽지 않다는 것을 알고 '미용 선교신학교'를 만들어서 이들이 믿음이 커지면 감당할 수 있을 거라 생각하고 계속해서 '미용 선교회'를 설립하여 운영하게 되었다.

　우리의 하는 일들이 방송에 나가게 되면서 많은 사람이 '미용 선교'를 하고 싶다고 전화가 오고 관심이 참 많아졌다. CTS 기독교 TV에 나오면서 봉사하는 것을 취재해 반복해서 방송에 나갔지만 미용인들이 참여하는 것이 힘든 것을 알고 있었기에 미용인이 아닌 권사님, 집사님, 사모님 등등 이쪽으로 봉사하고 헌신하시고자 하는 분들에게 기술을 가르쳐서 이분들이 봉사자가 되면서 이 사역이 점점 커졌다.

순복음교회, 사랑의 교회 등 큰 교회들은 미용인들이 모여서 자체, 이 미용 선교 부서를 만들고 의료선교와 미용 선교가 연합해서 선교 봉사를 하게 되었고 어떻게 하면 미용 기술을 빨리 쉽게 배워서 봉사자를 많이 만들까 생각하다 연구한 것이 3개월 미용 기술을 배우고 곧바로 봉사하면 빨리 기술을 배울 수 있다는 것을 깨닫게 되었다.

예전에는 미용 기술 배우는 것이 7~8년은 배워야 초급 미용 기술자 되었는데 나는 조건 없이 마치 부모가 자식에게 아낌없이 주려는 마음으로 가르치고 배운 자는 곧바로 봉사할 수 있는 대상만 있다면 3개월이면 한다는 간증 안내 방송을 듣고 알아차린 사람이 '남성 전용 커트 미용실'도 생겨나기 시작했다.

하나님 백성의 발전을 위해서 생각한 지혜가 세상 사람들이 더 빨리 알아차리고 사용하게 되는 것을 보았다.

미용학원도 3개월 커트 완성 과정이 생겨났다. 3개월 배워서 오픈한다는 것이 불가능했었는데 배우자마자 바로 연결되어 자르면 가능하다고 한 것이 소문나서 미국에서도 배우겠다고 했다. 하지만 미국에 3개월 간다는 것이 불가능해서 '3일 과정으로 단축 시켜서 해 보자.' 하고 도전했는데 가능해졌다.

역시 하나님이 지혜를 주셔서 '3일에 배워서 미용 봉사자를 만든다.'라고 광고해서 많이 사람들이 몰려왔고 많은 봉사자가 생겨났다. 그런데 기술을 빨리 배우니 신앙이 성숙하지 않아 선교지에서 부족함이 나타나고 신학훈련을 하면서 봉사도 해야 한다는 생각이 '미용 선교 신학교'를 세우게 되었다.

이제는 분교가 아니고 단독으로 미용 선교 신학을 운영하면서 기술과 영성훈련 또 다른 크리스천 미용인 들이 이처럼 다른 학생을 기도하고 가르친다면 너무나 귀한 자비량 사역이 되겠다는 생각이 들었다.

그런데 이 길은 멀고 험하고 힘든 길이며 누구도 가 보지 않은 길이다. 앞서간 모델이 없는 사역이었다. 어느 날, 여호수아 말씀에서 밟아 보지 않은 가나안 땅을 이스라엘 백성을 이끌고 가야 하는 여호수아는 한 번도 가보지 않은 길을 조심하면서 가야 한다는 말씀을 하시는데 나도 여호수아처럼 한 번도 가보지 않은 숲길을 뚫고 지나가다가 보면, 좋은 것 같지만 갑자기 낭떠러지 길이면 돌아와야 하고 장애물이 있으면 정리하면서 가야하고 다른 사람들이 다니기 좋은 길로 만들려면 쉽지 않으며 오해도 받고 지도자가 제대로 잘 알지 못하느냐고 하는 비난을 받기도 하면서 가는 길은 오직 주님만 바라보고 가야 하는 길이다. 내 안에 어떤 욕심이나 명예욕 때문에 한 것은 아닌가?

스스로 늘 점검해 보기도 많이 했다.

요한복음 4:38

4:38 내가 너희로 노력하지 아니한 것을 거두러 보내었노니 다른 사람들은 노력하였고 너희는 그들이 노력한 것에 참여하였느니라.

4) 세계 기독 미용 선교회를 설립하다 (요 4:38)

나는 미용 기술을 내가 원해서 배운 것이 아니었고 어려서부터 먹고살기 위해 미용실을 하는 집에 가서 일하다 보니 저절로 배우게 된 것이었다. 시간이 지나면서 기술을 익히게 되었고 눈썰미가 좋아서 한번 보면 잘 따라 했다. 또 꼼꼼한 성격이라 야무지게 일을 잘하는 편이었다.

한번 시키면 70%~80% 거의 비슷하게 잘 따라 하니까 함께 일하는 기술자들이 나를 많이 좋아했다. 또 정직하고 고지식한 것이 나의 단점이었다. 때로는 융통성이 없어 너무 고지식하고 사실대로만 말을 해야 하므로 손해 볼 때가 많았다. 하지만 조금이라고 정직하지 않으면 말이 꼬여서 제대로 대답을 못 했기 때문에 손해가 와도 사실대로만 말을 하게 되었다. 그런데 이것이 나중에 장점이 되었다. 누구든 사실 여부를 알려면 나에게 묻는다.

나는 사실만 말하기 때문에 어려서도 엄마가 무엇을 물으면 나에게 묻고 내 대답이면 더는 다른 말이 없이 끝난다. 학교에서 선생님도 마찬가지였다. 나에게 묻고 내 대답이면 모든 것이 결론이 난다. 하나님을 믿는 것도 그렇다. 나는 내가 이렇게 믿으니 말씀을 그대로 믿고 그대로 적용하여 하나님 말씀이 바로 살아서 움직이는 것들을 경험하게 되었다.

내가 일찍이 미용 기술을 배우면서 정직하다는 것을 알기 때문에 저 아이는 카운터 돈을 매일 매일 계산하지 않아도 된다는 신용이 있었다. 그래서 열아홉 살 때 아는 언니가 미용실 차려 놓고 나를 오라고 하더니 이곳에서 벌어서 갚으면 된다고 하면서 본인은 사라져 버렸었다.

그래서 열아홉 살에 원장이 되었고 청소년기에 친구들과 놀 수 없는 환경이었다. 당시 미용실은 주말이 더 바빴기 때문에 친구들은 주말에 쉬고 나는 항상 일해야 하니 친구를 만날 수도 없고 모든 것을 포기하며 살았다.

나는 결혼하면 미용실을 하지 않는 것이 나의 소원이었다. 그런데 스물세 살에 예수님을 만나고 너무 감사하여 내가 드릴 것은 '미용 기술'밖에 없으니 당시 아무도 찾아 주지 않는 곳인 양로원이나 보육원을 찾아가서 미용 봉사를 해 드리고 나면 고마워했다. 나는 그들에게 예배를 드리면 미용 봉사를 해 드리겠다고 했다.

양로원이나 장애인 시설 등을 정기적으로 방문하면서 전도의 많은 열매가 있었고 '미용 봉사를 하면서 전도한다.'는 소문이 많은 사람에게 퍼져갔다. 믿음 좋은 분들이 나를 많이 예뻐해 주셨고, 사랑해 주셨다.

우리의 미용 선교는 많은 영향이 끼쳤다. 기독교 방송 CTS 등 방송에서 간증과 인터뷰를 하면서 미용인들에게 도전을 주었고 또 많은 권사님들이나 집사님과 사모님 등 많은 분들이 배워서 낙도 오지, 혹은 해외 선교지에서 의료선교와 함께 가는 곳마다 부흥의 역사를 이루었다.

하지만 많은 미용인들이 생업인 가계를 하면서 하기는 쉽지 않은 일이었다. 그래서 미용기술을 전혀 할 수 없는 사람들을 가르쳐서 당시 많은 분들이 참여하고 유행처럼 번져 나갔다.

미용 봉사자들 주님을 위해서 자신의 시간을 드려 헌신하는 마음으로 하니 당시 낙도 오지 선교에 의료선교인 침술 선교와 '미용 선교'는 반드시 같이 가야 하는 한 세트가 되었다. 국내의 오지 선교에 많은 봉사자와 헌 신자 들이 필요했다. 강남에 있는 '사랑의 교회', '광림교회', '순복음교회' 등이 이 방법을 따라 하게 되었다. 큰 교회들은 교인 중에 미용인 봉사자 한 사람을 세워 미용 선교 지망생으로 권사님 집사님들을 가르쳐서 교회 봉사자로 세우며 큰 교회들은 유행처럼 봉사하게 되었다.

이에 미용학원에서도 내 방법을 따라서 미용학원들을 교육, 훈련으로 참여하게 되었고 숙련생들이 계속해서 봉사하면서 기술이 늘어 가니 학원 쪽에서는 이 아이디어를 가지고 특강으로 돈을 벌었고, 배우는 사람들은 빨리 기술 배울 수 있는 좋은 아이디어가 되었다. 그 후 남성 전용 헤어샵이 생겨났고 이 분들이 돈을 많이 벌게 되었다.

노인복지회관에 찾아가서 미용 봉사하고 전도하고 지하철역에서 시작해 시민들에게 좋은 이미지가 되니 지하철 역장님들이 우리 역에도 서로 해 달라고 요청해 와 지하철 역사 곳곳에서 미용 봉사 하면서 복음 전하는 일이 번져갔다.

자비량 사역자 양성하는 일에 감동을 주셔서 혼자 자생할 수 있는 사역자를 말씀과 함께 훈련이 필요하겠다는 생각이 들어 '미용 선교 신학원'을 시작하게 되었고 자격증 문제까지 해결하기 위해서 학원에 정식허가를 내어 학원을 운영하게 되었다. 하지만 운영의 미흡함과 여러 가지 조건이 맞지 않아 계속은 수 없어 모든 것을 정리하게 되었다.

나의 믿음 상태

로마서 8:28

28. 우리가 알거니와 하나님을 사랑하는 자 곧 그의 뜻대로 부르심을
입은 자들에게는 모든 것이 합력하여 선을 이루느니라.

1) 예수님을 영접하고 보니 나의 모습이

　예수님을 영접하고 보니 자존감이 바닥이고 항상 부정적인 생각 등이 나의 전반적인 부분에 자리 잡고 있었다. 나는 세상에서 가장 못생겼고 키도 작고 가장 가난하고 배우지 못하고 아무것도 내 세울 것이 없는 너무나 초라한 내 모습과 내 마음과 내 환경이었다. 그 당시 〈사랑과 진실〉이라는 외국 영화가 있었는데 주인공이 매우 예뻐서 어려서부터 너무나 많은 남자와 의붓아버지로부터 시작하여 순결을 지킬 수 없었다. 미국도 가난한 시절 공장에서 일 하는데 공장 기숙사에서 상사로부터 강간을 당하고, 식당에서 일하는데 그곳에서도 어디를 가든지 남자들이 따라다녀 여주인공은 순결하게 살려고 애써도 가는 곳마다 주변 사람들이 그냥 두지를 않는 삶 가운데 정말 너무나 알 수 없는 운명은 중년이 되어서도 마찬가지였다.

　진심으로 사랑하는 사람과 사랑할 수도 없었다. 우리 한국도 70년대 이와 비슷했다. 얼굴이 예쁜 사람은 주변에서 가만두지 않기 때문에 친구들도 이런 상항에 있는 사람들이 많았다. 그런데 나는 못 생겨서 그런 일은 없게 하신 것에 하나님이 지켜 주셨다는 생각에 너무나 감사하여 눈물을 펑펑 흘리면서 감사하고 '딱 한 사람만 사랑해 주면 되는 것이지.'라는 마음이 들면서 주눅 들었던 마음의 상처가 사라지고 하나님이 '너를 사랑할 자를 보내 주마.'는 마음을 주셔서 모든 우울증이 사라지게 되었다.

2) 겨자씨 4분의 1쪽 믿음

사람들은 나에게 믿음이 좋다고 말한다. 하지만 나는 믿음이 겨자씨 4분의 1 믿음이라고 말한다. 왜냐하면, 나는 너무나 소극적이고 소심한 성격이라 담대하게 내 할 말을 잘 못 하고 용기도 없고 무슨 말을 하려면 버스 떠나고 난 뒤 생각나는 것처럼 잘 생각이 안 난다. 그래서 사람들과 절대 싸우지 않는다. 내가 옳아도 빨리 말을 하지 못하기 때문에 큰소리치는 사람이 우기면 내가 지기 때문에 아예 분쟁을 하지 않는다. 손해를 보든지 져 주든지 한다. 그렇지만 이런 내 성격이라도 주님이 계속해서 말씀하시면 어쩔 수 없이 한다. 그렇지 않으면 계속 내 안에 반복해서 말씀이 들리기 때문에 마음이 괴롭다. 그러므로 주가 감동 주시면 바로 순종하고 실천하는 것이 제일 낫다. 그래서 겨우 하나씩 행동해서 한 것들이 밖으로 드러나면 사람들은 기적을 만든다며 믿음이 좋다고 하는데 생각해 보면, 겨우 한 가지 실천하는 것이었기 때문에 겨자씨 4분의 1의 작은 겨자씨보다도 더 작은 나의 믿음의 행동이라고 말하는 것이다.

만약 담대함이 있고 용기가 있으면 얼마나 큰일을 하겠는가? 아마 큰 부흥사나 크게 쓰임 받는 사람처럼 되어야 하는데 겨우 이 정도이기 때문이다.

3) 나의 그릇이 종지기만 한 것을 발견하다

청담동에 살면서 너무나 많은 임대료 때문에 눌려서 마음에 무거운 짐을 지고 제대로 무엇을 하지 못하다가 월세가 오십만 원인 뚝섬한강공원으로 이사를 했다. 이제 열심히 주님 일에 매진하겠다고 생각하면서 살지만, 인간은 언제나 간사하다. 천원의 우유 값도 없이 6개월간 고기 한 번도 먹지 못하는 상황에서 어느 날, 제자 목사님께서 고등어를 한 짝 가져왔다. 그 제자는 많은 제자 중에 가장 작다고 보이는 제자였다.

예전에 하나님은 청담역에서 미용실을 모두 정리하고 교회 간판을 걸라고 하셨다. 한 달 이백오십만 원의 월세를 내야 하는 80평 공간의 장소에 교인들도 하나 없는데 미용실 간판을 내리라고 하셨다. 도저히 그 상황을 감당할 수 없었다. 미용실 옆 한쪽으로 피부 관리실 부분은 남겨 놓고 교회 간판을 온전히 걸지 못했다.

도저히 감당할 수 없다고 생각하여 2년이 지나는 동안 오천만 원 권리금까지 모든 것을 잃고 월세 걱정 없는 장소만 있으면 하나님 일을 잘 감당할 수 있다고 생각하면서 뚝섬한강공원에 있는 월 오십만 원 하는 곳으로 옮겼다. 월세 걱정에서 해방되면 뭐든 잘할 것으로 생각했다. 그래서 5년 계약을 하고 삼천팔백만 원 수리비를 들어 '미용 선교 신학교'를 세웠다. 여기서 2년이 되어 갈 때쯤. 이렇게 고기 맛을 본 지 6개월이 지나고 천 원짜리 우유 한 개 먹을 수 없는 가난한 환경에 놓여 있으면서 억지 감사로 있던 시절이었다.

돼지고기 뼈가 들어오면서 나는 하나님께 회개기도를 하였다. 제자 중 지극히 작은 목사, 아무 힘이 없을 것 같은 목사에게 알지 못하는 사람들로부터 이렇게 공급하시는 하나님을 보았다. 하나님이 청담동에서 미용 간판을 떼고 교회 간판을 붙이라고 했을 때, 그때는 이해가 안 되어 그대로 순종하지 못했는데 그때 오직 전지전능하신 하나님만 믿고 모든 것에 불가능이 없는 하나님. 물속에 발이 닿는 상황을 넘어, 몸이 물 위에 떠서 물의 흐름을 따라 흘러가는 것처럼 내 힘은 아니지만 순조롭게 이끌려 가는 하나님을 경험 했어야 했는데… 나는 내가 이해 가는 범위 안에서만 하나님을 믿고 생각했었다는 것을 깨닫게 되었고 내 믿음이 없음을 회개하였다.

하나님의 넓고 크신 계획을 이해하지 못하고 받아들이지 못하고 있었다는 것을 크게 깨닫고 통회, 자복하고 회개하였다.

나의 죄를 바로 깨닫지 못하고 2년이 지난 곤고한 상황에서 그 당시 전혀 이해되지 않는, 절대 불가능한 상황에서 하나님을 얼마나 의지하고 온전히 믿고 바라보며 신실하신 하나님을 신뢰 하였는가 되새겨 보게 하셨다.

이제 하나님의 말씀에 의지하여 내가 일을 두려워하지 않고 오직 신실하신 하나님을 의지하고 그분이 이끄시는 대로 나아가기로 하고 나아간다.

사람의 생각은 순간 두려움과 걱정이 엄습해 오면 환경은 항상 예상 못 하는 환경이 오는 것이다. 하지만 그럴 때마다 하나님을 의지하고 모든 것에 능치 못함이 없는 그분의 도움을 바라고 그분은 모든 지혜의 왕이시고 능력의 한계가 없으신 분이시며 나의 아버지가 되셔서 나를 인도하신다. 나는 이 하나님을 매일매일 신뢰하며 바라본다.

제주도에서 교회 세우기

마 28:18~20

28:18 예수께서 나아와 일러 가라사대 하늘과 땅의 모든 권세를 내게
주셨으니

28:19 그러므로 너희는 가서 모든 족속으로 제자를 삼아 아버지와 아
들과 성령의 이름으로 세례를 주라.

28:20 내가 너희에게 분부한 모든 것을 가르쳐 지키게 하라. 볼지어
다. 내가 세상 끝날까지 너희와 항상 함께 있으리라 하시니라.

1) 교회 십자가가 세워질 때

　나는 제주 와서 1년 만에 교회를 세우게 되었다. 그동안 서울에서 오랫동안 사역도 했고 나의 사역은 특수 방면으로 일했기 때문에 큰 교회와 연합하여 사역을 하면 좋겠다는 생각으로 몇 군데 교회를 찾아다녔다. 그런데 하나님은 나에게 교회를 개척하라는 마음을 주셨다.

제주도에서 교회 세우기

　그래서 살림집에 가계가 있는 곳에서 교회로 하려고 준비하고 시내에서 교회를 하라고 하는 마음을 주셔서 기도를 했다.

　그 무렵 서울에서 몹시 어려운 노인 한 분이 계셨는데 그분께서 "돈이 얼마나 있으면 교회를 세웁니까?" 물어왔다. 시내에 교회를 세울 때 일천만 원은 있어야 합니다. 그럼 교회를 세우게 알아보라고 하시면서 오백만 원을 헌금하셨다. 그래서 인테리어 수리비 포함 일천만 원 비용으로 문에 회관 부근에 교회를 하게 되었다. 교회를 하면서 가만히 생각해 보니 1년 년 세 오백오십만 원 1년이 지나면 없어진다는 것이 아깝다는 생각이 들어 하나님께 기도했다.

　년 세만큼 이자를 낼 수 있으면 우리가 건물을 사서 교회를 주시라고 온 성도가 간절히 기도했다. 기도하면 반드시 주시는 하나님을 너무나 잘 알기에 간절히 기도하는 가운데 지금의 교회 자리가 나와서 믿음으로 계약하고 잔금은 6개월 후 완불하는 조건으로 건물을 사게 하셨다 그 당시 이 집은 도로 옆이라 무척 시끄러운 상태라 주인이 그렇게라도 팔겠다고 해서 계약을 하게 되었다. 처음 개척한 곳에서 1년 임대 기간이 지나고 새로운 교회 자리로 이사준비를 하였다.

제주는 교회 한다고 하면 임대를 잘 주지 않기 때문에 동네 이웃집에서 당신은 왜 교회를 세로 주었소. 하면서 주변에서 반대하면 또 다른 곳으로 이사를 해야 하는 일들이 종종 있다.

나는 수리하는 동안 교회란 말보다 한쪽에서 건축 인테리어 사업을 할 것이기 때문에 건축 인테리어 사무실을 합니다.

그리고 몇 달이 걸려서 수리를 다 하고 드리어 건물 옥상에 십자가 올리는 날 동네 어르신이 와서 누가 여기에 교회를 세우라 했느냐고 와서 따지는 것이다. 건축 인테리어 사무실도 하고 교회도 저희가 합니다. 그들이 얼굴색이 변하면서 그동안 친절하게 했던 행동이 순식간에 냉정하게 바뀌어 버리고 하지만 교회 건물은 우리가 매입해서 왔는데 어찌하겠는가? 그렇지만 임대로 온 것도 아니니 그 후 마을 동네에 있는 경로당 노인정을 찾아가서 인사도 드리고 미용과 건강관리 봉사도 해 드리고 하니 마음이 점점 풀어지는 것을 보았다.

만약 임대로 왔다면 1년 지나고 이사 가야 하는 상황이 되었을 것이다. 그리고 우리는 처음에 교회만 한 것이 아니라 건축인테리어 일을 부지런하고 성실하게 열심히 일하면서 사는 모습을 보고서 점점 좋은 마음으로 변하게 되어 이제는 맛있는 것이나 농산물을 수확하면 가져오기도 하고 마을 주민들과 좋은 정다운 이웃이 되었고 예수님 믿고 성도가 되고 세례 받고 장례 예배를 드려 안 믿는 유족들을 복음 전하고 주민들과 교회가 한 이웃으로서 마을행사 경로잔치, 운동회, 부녀회 청년회 행사를 참

여 한다. 이제는 마을 교회가 되었다 제주에서 복음 전도는 말로 전도하
는 것도 있지만, 생활에서 부지런함, 성실함으로 본이 되는 생활의 모습
이 복음 전도의 좋은 영향을 끼친다는 것을 알게 되었다.

　많은 사람들이 잘하였다고 하면서 하나님이 하시는 일들을 보면서 가
족도 친척들도 모두 하나님이 도우셨네요. 어떻게 하는 것마다. 그렇게
잘되고 주님이 인도하시는지 하나님이 도우시는 것이 보인다고 하면서
멀리 있는 가족들도 하나님을 인정하고 하나님께 영광 올리게 되었다.
이곳에 온 지도 벌써 십사 년이 되었다. 날마다 숨 쉬는 순간마다 주님이
함께 일하시고 도와주셨다.

2) 우리 집 화재 사건의 도우심

어느 날 남편과 나는 서귀포에 한국 CBMC 기독 실업인 연합회 모임이 있어서 참석한 적이 있었다. 밤늦은 시간까지 모임을 마치고 집으로 돌아와 너무나 피곤하여 그냥 바로 집 2층으로 가서 잠을 잤다. 1층에는 교회와 회사 사무실이 있는 곳이다. 아침에 남편이 사무실 문을 열고 불을 켰는데 전혀 전등 빛이 없고 캄캄한 상황이다. 무엇인가 이상하다고 생각하는 순간 이상한 플라스틱 타는 냄새도 나고 온 집안이 플라스틱은 타서 검은 연기로 공기 전체가 매연이 가득 찬 상황이었다. 깜짝 놀란 남편이 나를 부르고 같이 가서 확인해 보니 밤새 무엇인가가 탔다는 것을 알 수 있었다.

확인해 보니 건축 일할 때 더운물 만드는 돼지 꼬리라는 것을 물통에 넣어 놓은 것이 완전히 꺼지지 않은 상황에서 통 안에 든 물이 다 증발하고 나서 통이 타면서 그 연기가 사무실 안에 가득 찬 것이고 물통 자체는 전부 녹아서 거의 약간의 주먹만 한 흔적만 있고 돼지 꼬리는 마루까지 녹이면서 바닥재 합판을 태우고 있었던 것이었다. 저녁 7시부터 12시간 정도 지난 뒤에 발견된 상황이었다.

우리 부부는 바로 하나님께 감사 기도를 드리면서 기적에 기적이 어찌 이런 일이 언제나 지켜 주시고 보호해 주시는 하나님께서 천군 천사 붙여 주셔서 불이 날수밖에 없는 환경에서 지켜 주시고 이렇게 전기로 인해 타기 시작한 것이 불이 붙으면 몇 시간이면 온 집을 다 태워 버리고 이웃에게도 큰 피해를 줄 수 있는 것을 아침까지 지켜 보호해 주시고 아무도 없는 빈집을 절대적인 하나님의 보호하심이요. 말로 형용할 수 없는 은혜이다. 주변에 비닐 바닥재, 종이 실크 벽지 잔뜩 있고 뒤에는 휘발성이 강한 각종 페인트와 목재 창고였다. 전기 가열기로 인해서 플라스틱 고무 바켓스는 형체가 없어지고 집안 전체가 전등까지 검정 재로 덮어서 빛조차 보이지 않는 상황이다.

사무실 전체가 검게 덮여 검은 재를 지우는데 깊은 서랍 속, 전등 책 속까지 모두 검게 변해 있는 것을 닦고 제거하는데 몇 개월이 걸렸다. 우리는 그때 일을 생각하면 지금도 가슴이 오싹해진다. 그때 바로 화재보험을 들게 되었고 항상 매 순간 순간마다 함께하시고 지켜 보호해 주시는 하나님을 모시고 날마다 걸어왔다. 우리 부부는 30년간 해야 할 일은 10년 동안에 다 하고도 더 했다는 말을 하곤 한다. 날마다 때마다 일어났던 소소한 기록까지 말한다면 한 권의 책으로 다 쓸 수 없다. 또 하나님이 함께하시면서 우리의 하는 일들의 도와주셨던 것들이 너무 많고 이야기를 해도 다 이해할 수 없는 것들이 많다.

나는 정말 주님의 백성이 주님 말씀 그대로 순종하여 그리스도 안에서 비밀을 날마다 경험하시기를 간절히 바라는 마음이다.

하나님은 엘리야의 하나님 나의 하나님이시고 엘리야의 능력을 받고 싶어 끝까지 따라갔던 엘리사는 갑절의 영감을 받아 많은 일들을 하셨고 하나님이 함께하신다는 것을 많은 사람에게 나타내 보이셨다. 우리는 이 시대 엘리사의 영감의 갑절로 받아야 이렇게 패역한 시대를 승리하며 살아갈 수 있다고 믿는다. 주님은 항상 우리 믿음의 사람들 편에서 우리를 도와주시기를 원하고 누가 나와 함께 손잡고 살아가기를 원하는지 이런 순전한 사람들을 찾고 계신다.

하나님의 손길로 도우심

시편 139:1~4

1. 여호와여 주께서 나를 살펴보셨으므로 나를 아시나이다.
2. 주께서 내가 앉고 일어섬을 아시고 멀리서도 나의 생각을 밝히 아시오며
3. 나의 모든 길과 내가 눕는 것을 살펴보셨으므로 나의 모든 행위를 익히 아시오니
4. 여호와여 내 혀의 말을 알지 못하시는 것이 하나도 없으시니이다.

찬송가 324장

1. 예수 나를 오라 하네 예수 나를 오라 하네
   어디든지 주를 따라 주와 같이 같이 가려네
   후렴) 주의 인도하심 따라 주의 인도하심 따라
   어디든지 주를 따라 주와 같이같이 가려네
2. 겟세마네 동산까지 주와 함께 가려하네 피땀 흘린 동산까지
   주와 같이 같이 가려네
3. 심판하실 자리까지 주와 함께 가려하네 심판하실 자리까지
   주와 같이 같이 가려네
4. 주가 크신 은혜 내려 나를 항상 돌아보고 크신 영광 보여 주며
   나와 함께 함께 가시네

1) 우마 사다리에서 떨어지다

공중에서 일한다는 것은 땅에서 일하는 것보다 더 많은 신경과 에너지가 들어간다. 그래서 인건비도 더 많이 받는 것이다.

그런데 나는 이것에 아직 익숙하지 않은 상태에서 마음만 급하고 조금만 실수해도 엄청난 사고가 난다는 것이 덜 인지되어 있던 때었다.

도배 공사를 하기 전에 기초공사를 하러 오후 늦은 시간 현장에 갔다. 항상 기초가 잘되어야 공사가 깔끔하고 예쁘게 마무리되는 것이다. 그런데 사다리에 올라갔다 내려오면서 눈은 아래를 자세히 보지 않기 때문에 감각으로 내려오는 것인데 한 계단 미리 바닥인 줄 알고 내렸다. 헛디뎌진 발이 허공에서 뒤로 넘어지면서 사다리 모서리에 머리가 꽉 찍힌 느낌이었다.

얼마나 아픈지 그 순간 머리는 방바닥으로 쿵 하고 부딪혔다. 정신을 잃었다. 남편이 놀라면서 달려와서 나를 일으켜 앉히면서 괜찮으냐고 물었다. 소리를 들리는데 무슨 일이 일어났는지 아무 기억이 안 나고 머리만 아파서 만져 보니 주먹만 하게 부풀어 올랐다. 괜찮으냐고 묻는 소리는 들리나 아무것도 기억나지 않고 나는 "여기가 어디이냐?" 여기 왜, 뭐 하러 왔는지 나는 아무것도 기억나지 않았다. 남편이 내가 누구인지 알겠느냐고 물어서 내 남편이라고 했다. 그것만 기억이 났다. 밤늦은 시간에 일어난 사고이고 나를 부축해서 집으로 데리고 오는데 엉덩이도 아프고 아무 생각이 나지 않았다.

그런데 남편만 기억이 났다. 집에 와서 1시간쯤 지나니 그때야 생각이 돌아왔다. 이제 앞뒤 상황이 생각나고 어떤 사고가 났는지 잠시 기억이 없어졌지만 모든 것이 정상으로 돌아왔다.

다만 머리에 혹처럼 부풀어 오른 것은 다음날까지 계속 아팠다.

남편이 기도하기를 우리를 방해하는 원수 마귀는 예수그리스도 이름으로 선포하노니 떠나갈 찌어다. 통증은 사라질 찌어다. 다음날 계속 아프면 병원에 가려고 잠을 자고 아침에 일어나니 약간의 부어오른 것은 있지만 손발은 아무 이상 없으니 일은 약속해 놓았기 때문에 일을 다시 하게 되었다.

늘 감사할 때 감사할 일이 넘친다고 항상 감사가 습관처럼 더 많은 큰 사고가 아님을 감사하며 잃어버린 기억력이 계속 안 돌아오면 어쩌지 걱정했지만 얼마 후 기억력이 돌아오니 우리 부부는 감사하고 주님이 그때그때 마다 지켜 주시고 보호해 주시니 너무너무 감사하다고 하루 종일 일하면서 하나님께 감사 영광을 올렸다.

나의 건강관리는 아프면 항상 회개기도하고 방해하는 원수를 쫓고 나면 건강상태가 회복되고 더 많은 감사를 드림으로 정말 이해되지 않게 나의 몸은 회복되고 깨끗하게 낫는 경험이 많이 있다.

이것이 '네 믿음대로 될지어다.' 예수님 말씀처럼 나는 주님을 만나고 난 후부터는 모든 병을 이렇게 고쳐졌다. 약을 먹거나 다른 방법을 하면 더 많이 아프던지 약물 부작용 등 더 많은 후유증이 생겨 고생한다.

약을 먹으면 위장이 아파서 고생하던지 머리가 아파서 어지러워 쓰러질 지경이라 오히려 누워서 꼼짝 못하게 되는 일을 몇 번 경험한 뒤로는 항상 기도하고 주님의 손길로 회복되고 치료를 받는다.

2) 지붕 처마 밑에서 떨어지다

4단 사다리를 세워 놓고 처마 천장 끝에 너덜너덜 낡은 페인트 찌꺼기를 제거해야 새 페인트를 칠할 수 있어서 바닥이 평면이 아닌 마당에서 사다리 놓기가 쉽지 않은데, 딱 한 번만 하면 되어서 그걸 제거하러 올라간 순간 사다리가 넘어지면서 나는 시멘트 바닥에 떨어지면서 배가 땅에 닿으면서 떨어지게 되었다. 순간, 나는 창자가 터졌다는 생각이 들었다. 너무나 아파서 숨을 쉴 수가 없었다.

오른쪽 손으로 바닥을 짚고 떨어졌는데 얼마나 배가 아픈지 배가 터진 것 같았고 '다리는 부러지지 않았나?' 하고 움직이니 움직여지고 팔도 움직여지고 떨어지는 소리를 듣고 놀라서 달려온 남편은 괜찮냐고 묻는데 "잠깐만요. 오른쪽 팔이 움직여지지 않아요." 남편이 나를 겨우 일으켜 앉혔는데 다행히 다리는 괜찮았고 배창자는 터진 줄 알았는데 배도 괜찮았다. 어깨만 빠지도록 아프고 팔이 움직여지지 않아서 끈은 매여서 팔을 묶어 목에다 걸었다.

그냥 놔두면 어깨가 빠질 것 같고 너무 아파서 팔 무게를 줄여야 하기 때문이었다.

그다음 날은 토요일이라 병원이 문을 닫아 우선 목에다 끈을 매워서 팔을 붙들어 주니 아프지 않았다. 병원에 가면 주일을 거르게 될 것 같아서 월요일에 병원에 가보자는 생각을 하면서 하나님께 감사 기도를 드렸다. 우선 팔이 계속 아프면 응급조치를 취해야 하지만 목에 걸고 나니 특별히 아픈 것은 없고, 다만 마음대로 되지 않는 상황이었다. "하나님 감사합니다. 배가 터지지 않고 다리도 부러지지 않고 피 나온 곳 없고 뇌진

탕 걸리지 않아서 정말 감사합니다."

이렇게 너무나 감격에 찬 기도를 하고 나니 전혀 움직여지지 않던 손가락 신경이 살아나고 팔이 움직여지더니 조금씩 움직일 수 있었고 또 조금 지나서 팔은 들어 보니 들려지고 이렇게 내 팔은 시간이 지나면서 전혀 감각 없던 손가락과 팔목과 팔꿈치가 들려지더니 다음 날은 어깨 위로 손이 번쩍 들려지게 되었다. 하나씩 바뀔 때마다 나는 너무나 감사하고 이루 말할 수 없는 하나님의 은혜가 느껴졌다. 이 어찌 큰 은혜인지 나의 팔은 이틀 뒤인 주일에 가서 완전히 나았다. 내가 사고 난 후 병원은 바로 안 간 것은 주일 예배를 앞두고 병원에 가 있으면 못 지킬 것 같은 생각에 특별히 어디가 심하게 아픈 것도 아니고 우선 견딜 만해서 지켜보자는 생각과 또 경제적 여유도 없는 형편이라 이상 없으면 감사기도 하면 되지 굳이 불안해하면서 병원 갈 필요는 없다고 생각했다.

주일이 지나고 나니 어깨 위로 손이 올라가고 거의 다 나은 것을 경험했다. 계속해서 감사 기도를 드리면서 팔은 다 낫게 되었고 이제부터는 조금이라도 불안할 때는 절대 안전하게 하지 않고는 일은 하지 말자고 생각하게 되었다.

3) 난민 1호 라오스 가족을 돕다

어느 날 중국 선교사였던 목사님으로부터 연락이 왔다. 남편은 중국 사람과 아내는 라오스 사람, 자녀들 모두 4식구를 데리고 오신다고 하시면서 커다란 가방들을 하나씩 들고 오게 되었다.

그때 마침 집 한 채를 빌려 놓은 것이 있었다. 치유 사역을 해 보겠다는 마음이 생겨서 준비했던 집이다. 때마침 이 집이 있으므로 갑자기 찾아온 가족이었지만 하나님께서는 저의 마음에 감동을 주셔서 이렇게 전혀 생각지도 못한 사람들의 거처를 준비하시는 하나님이심을 보았다.

하나님이 하시는 일들은 내가 은혜 가운데 받은 것도 많지만 나에게 감동을 주시고 성령님의 인도 속에 마치 예수님 성 만찬 다락방을 준비시킨 것처럼 나에게 명령을 하셔서 준비하기도 하신다.

"성내로 들어가라. 그리하면 물 한 동이를 가지고 가는 사람은 만나리니 그를 따라가서 어디든지 그가 들어가는 그 집주인에게 이르되 선생님의 말씀에 내가 내 제자들과 함께 유월절 음식을 먹을 나의 객실이 어디 있느냐 하시더라. 하라 그리하면 자리를 펴고 준비한 큰 다락방을 보이리니 거기서 우리를 위하여 준비하라 하시니."

하나님은 우리의 길에 이렇게 준비하시면서 인도하시는 것들이 많다. 나도 주님 음성 듣고 준비하면서 내가 필요한 것들을 주님이 준비해 주셔서 전혀 한 번도 알지 못하는데 언젠가 미국 갔을 때 미국 사람의 집 시카고를 간 적이 있었다. 이러한 일들을 여러 번 경험한 적이 있다. 우리는 성경에 나오는 믿음의 사람들 엘리야에게 사르밧 과부와 엘리사에게 수넴 여인 의 집을 준비하신 것처럼 이렇게 라오스 가족을 위한 집을 준비시키신 하나님이 그 집만 준비한 것이 아니라 이들의 생업도 돕게 하셨다.

처음에 어려움이 참 많았다. 영어는 Yes. No. 이 두 단어만 통해도 해야 하는지 안 해야 하는지는 알 수 있고 중국말 하오, 뿌, 이 말만 해도 통해서 어느 정도 의사소통이 되는데 라오스 사람은 이 말도 저 말도 안 통하는 마치 귀머거리와 같은 분들과 함께 지내는 것이 얼마나 힘든지 큰 소리로 소리 지르며 말하면 놀라면서 쳐다보고 손짓으로 상황을 알려 주는 것이다. 그냥 가만히 있는 것이 아니라 현장에 데리고 일을 시키고 그들의 생활비를 만들어 주는 상황이었다.

어찌하든 1년을 데리고 있으면서 말은 안 통하는데 지내는 동안 목은 쉬고 정말 힘이 너무 많이 들었다.

신앙이 있으므로 예배를 드려야 하는데 구글 번역기에 라오스 언어는 없고 태국 말을 라오스 사람들이 통한다는 것을 알게 되었다.

그래서 태국어를 번역기로 통역하면서 예배드리고 성경공부를 하게 되었다. 점점 의사소통은 어느 정도 되어 갔다.

아내 되는 라오스 자매가 라오스에서 요리를 했다고 하면서 본인이 만든 요리 사진을 보여 주었다. 한 번은 주일 점심을 준비해 보라고 했다. 우리 입맛에 잘 맞는 음식으로 준비해서 맛있게 잘 먹었다.

이들이 처음에는 제주 밖으로는 나갈 수 없다고 했다. 제주 안에서만 있어야 하는 신분이었다. 그래서 어떻게 해서든 생활을 정착을 시키고자 여러 일자리도 알아봐 주고 취직시켜 주면 다음 날은 오지 말라고 한다. 중국 사람만 같으면 일자리가 좀 있는데 라오스 사람은 언어가 안 통하니 하루 갔다 오면 다음 날은 일을 할 수가 없다는 것이다. 한국말도 가르치고 성경도 가르치고(주로 말씀에서 말씀을 찾아 설명되는 방식) 하지만 언어가 그렇게 빨리 되는 것이 아니니 정말 어려웠다. 그의 남편은 체력이 약해서 힘든 일을 할 수 없다고 노동 시장에서 일을 할 수 없고 우리 일도 항상 있는 것이 아니니 계속할 일도 없고 정말 기도가 매 순간마다 필요했다.

얼마 지나서 알게 된 것은 라오스 부인에게 지압과 마사지 기술이 있는 것을 알게 되었다.

그래서 말을 많이 안 해도 기술로 손님들이 좋으면 또 찾는 것이기 때문에 그 기술을 살려서 그 직업을 하도록 해야겠다는 마음이 들었다.

마침 오피스텔 1개를 분양받은 것이 있어서 이곳에 가계를 만들어서 생활이 안정되도록 도와야겠다는 마음이 들었다. 한편으로는 영업점을 오픈한다는 것은 많은 비용이 들어가는데 과연 잘할 수 있을까?

하는 마음도 있으면서 하지만 어떤 방법이든 할 수 있으면 도와야지 안정된 생활을 할 수 있게 해 주어야지 생각하고 하나님 앞에서 사마리아성에 강도 만난 사람에게 어떻게 했는지 경비가 더 들면 돌아왔을 때 갚아 주겠노라고 하면서 주막에 맡긴 것처럼 이들이 언어가 안 통해서 식당일도 밭일도 잡부 일도 제대로 할 수 없으니 자신이 가지고 있는 기술은 살려서 도와주는 방법밖에 없다고 생각하여 피부 관리실은 만들었다.

전화는 내가 받아서 상담하고 손님은 마사지 기술의 느낌으로 좋은 것을 아는 것이기 때문에 시작하여 고객이 생기기 시작했다.

그런데 이들이 난민으로 한국에 정착하기를 위해 돕던 변호사님들이 있으셨는데 어느 날 갑자기 극적으로 안산으로 가게 되었다고 피부 관리실 차려놓고 1달도 안 되었는데 내일 서울 갑니다. 그리고 모든 짐을 싸서 내일 아침 일찍 떠나니 저녁에 인사한다고 찾아왔다.

안산 지역에 가면 외국인도 많고 공장들이 있으니 이들이 살기에는 제주 보다 낫겠다는 생각이 들었고 섭섭하지만 어쩔 수 없는 일이었다.

이분들은 북한선교 사역에 많은 공을 세워서 이렇게 여러 곳에 전문가들이 적극적으로 도와 우리나라 난민으로 정착하게 되었다.

하나님은 나에게 옥합을 깨트린 마리아처럼 주님이 원하시면 계산하지 않고 내 말에 순종할 수 있는지 시험하시고 나의 믿음을 체크하신 경우이다. 언제나 주님은 우리에게 하나님이 정하신 믿음의 사람만큼 할 수 있는지 훈련하시고 시험하시면서 시험에 통과하면 세상에서 승진하는 것처럼 노력한 만큼 대가를 주신다. 하나님이 나에게 믿음의 단계를 많이 훈련하시곤 하셨다.

나의 신앙에도 항상 체험신앙이고 너도 이처럼 순종하라. 행함 있는 믿음 행동으로 보이라고 하셨다. 말로만 옥합이 깨뜨려 지는 것은 아니다. 요단강을 건널 때에 강물이 갈라지고, 홍해가 갈라질 때도 말씀을 따라 순종한 것 같이 너도 주님만 믿고 이와 같은 행동으로 응답하라고 하셨다.

4) 중국인교회 화재 사건

우리 GWM 선교회가 후원하는 한림 용당리에 중국인 교회에 화재 사건이 있었다.

보일러실에서 불이 나기 시작하여 화장실, 샤워, 숙소 건물이 전부 불타 버렸다. 이때 우리는 인테리어 일을 하고 있던 때라 우리에게 이곳의 상황이 알려졌다. 그런데 중국인들이 모여서 합숙하면서 공동체 생활을 하고 이들에게 복음을 전하는 교회이기 때문에 화장실을 수리할 형편의 상황이 안 되었다. 남편 장로님이 서귀포 친구 목사님과 몇몇 제주 교회에 이 사실을 알려 헌금을 하게 했다.

화재건물 복구 수리비가 이천만 원이 필요했다. 손 장로님이 지혜를 모아서 여러 교회에 다니며 전화 드리며 중국인 근로자들에게 복음 전하는 귀한 사역을 하는 교회인 것을 알리면서 감동되는 교회들로부터 수리비가 모금되었고 공사에 들어갔다. 어느 목사님께서 500만 원 헌금을 하셨다 그 목사님이 하시는 말씀 어느 성도님이 선교하시라고 주셨는데 저희로부터 이 말을 들으니 하나님이 여기에 쓰시려고 주셨나 봅니다. 하시면서 기쁘게 헌금을 해 주셨다. 역시 훌륭한 목사님은 하시는 것이 다르구나. 감사했다

이 이야기를 듣고 여려 교회와 목사님들이 헌금해 주시고 이 현장에서 일하는 저희 회사에 일꾼들까지도 십시일반으로 헌금해 주시고 저희 회사도 헌금하고 해서 공사가 잘 마무리되었다.

하나님은 합력하여 선을 이루셨다 이 화재 사건을 통하여 중국인 교회가 부흥되고 그들이 중국에서 와서 매일 예배드리면서 믿음이 시작된 이

들이지만 자신들은 아무 능력이 없어도 하나님의 기적 같은 방법으로 일하시는 것을 보면서 믿음이 더욱 자라고 굳건해졌다는 말씀을 들었다.

이 교회는 지역에서 좋은 교회로 소문나고 그리스도인의 영향력을 나타내고 시골 농촌 사람들의 농사일을 도와주면서 마을에서 귀하고 고마운 교회로 소문나있다. 정말 하나님 안에서는 우리의 계획 이상으로 일하시고 역사하시는 일들이 많다. 또 함께 선교 일에 참여하신 전기 기술자인 목사님은 이들에게 전기기술을 가르쳤다. 이들은 이런 일 저런 일들을 하면서 배운 기술로 근로로 봉사하고 일하고 보조로도 일하면서 교회 짓는 데 봉사를 하게 되었다.

그동안 그들이 배운 여러 가지 기술로 봉사도 하고 다양한 종류의 기술자가 만들어졌고 이번 교회 건축을 하면서 직접 참여하여 교회 세우는 데 요긴하게 쓰임 받았다.

이 얼마나 큰 은혜인가 기술도 배우고 배운 것을 사용하여 성전 건축하는데 귀하게 쓰임을 받아 있으니 기쁨이 넘치고 믿음도 더욱 자라고 더 큰 하나님에 대한 신뢰가 생기고 이 기쁨을 또 다른 사람에게 기쁨을 남기고 이렇게 즐겁고 기뻐하는 소리가 성안에 가득하더라 하신 말씀이 이루어짐이 이 교회를 보면서 느끼게 되었다.

5) 물 부엌에서 넘어지다

나는 주일 아침 갑자기 세탁실에 나가자마자 미끄러지면서 뒤로 넘어 졌는데 세면을 기계절단기로 하스리 친 부분에 내 머리 뒤통수가 가장 많이 튀어나온 밑 2cm 지점에 부딪혔다.

사탄이 내가 하는 일을 너무 싫어해서 나를 밀쳤다는 생각이 들면서 나는 순간 '주일 아침에 목사가 넘어져서 예배도 못 드리고 병원 응급실로 가면 하나님께 덕이 안 되는데.' 그 생각이 들면서 '방해하는 사탄아, 물러가라.'라는 마음이 확 들어왔다. 그리고 감사 기도가 나왔다. 내가 이런저런 생각을 하면서 있다는 것은 내가 의식을 잃지 않았다는 생각에 저절로 감사가 나오고 머리를 잠시 만져 보았다. 머리에서 피도 나오지 않았다.

그리고 머리 뒤통수 중앙이 아니고 부딪친 부분이 바로 밑 2cm 위치였기 때문에 머리가 깨지지 않았다는 생각이 이 또한 너무나 감사했다. 머리는 너무 아팠지만, 그것은 외상으로 부딪친 상황에서 외부 충격 때문이라는 것을 느꼈다.

생각할수록 너무나 큰 감사를 드린 하루였다. 난 항상 더 나쁜 상황이 생기지 않은 것을 너무너무 감사하면서 하나님의 은혜를 생각하면 그렇게 아프던 것들이 치료의 광선이 발해져서 통증도 사라지고 치료도 급속하게 되는 것을 보고 참 신기한 체질이라는 말은 여러 번 들었다.

언젠가는 앞가슴 갈비뼈에 엄청난 충격을 받은 적이 있는데 그 순간 별이 보이고 숨이 멎었지만 조금 지나니 통증만 조금 남고 모든 것이 아무 흔적 없이 사그라졌다. 한번은 거실 큰 유리문이 발등에 떨어졌는데 발가락 한 개 절단된 줄 알았다. 너무 아파서 숨도 쉴 수 없었는데 발톱에 멍만 들고 잘 아물게 되었다. 하나님의 은혜가 있는 특별한 체질로 만들어 주신 것 같다고 생각했다. 놀라고 두려워하는 마음보다 감사와 능치 못함이 없는 하나님을 신뢰하는 마음에 치료에 에너지가 나와서 속히 낫게 해 주신다는 생각이 들었다. 이런 믿음이 생겼다. 아멘! 할렐루야!

나는 이런 생각을 해 보았다. 주님의 일로 핍박받고 매 맞고 고문받는 사람들 중에 아픔을 느끼지 못하고 오히려 감사의 제사를 드리면서 내 몸의 특별한 재생능력과 회복력이 놀랍게 작용하는 것이라는 것이다.

이것은 내가 깨달은 것이다. 우리 몸은 엄청난 적응력과 대응력 대처 능력이 탁월하다. 하지만 생각에서 먼저 좌절이나 낙심을 하면서 세포들도 힘을 잃어 간다는 사실이다.

하지만 감사할 때 가장 많은 원천의 힘인 에너지가 나오고 우리 몸은 크게 고문 받거나 죽지 않고 견디는 영화의 주인공 같은 사람들이 있다는 것이다.

그러므로 모든 것은 생각이 좌우하는 것이 엄청 많다는 것을 나는 내 몸을 통하여 직접 경험하게 되었다.

우리는 느낌이나 어떤 상식보다 하나님의 말씀을 어떻게 믿고 받아들이느냐가 더 중요하다는 것을 깨달았다.

6) 어느 날 기도 팀이 찾아왔다

건축업 인테리어 일을 하고 있던 때였다. 일하러 갔다가 집에 들릴 일이 있어서 들어와서 점심을 먹으려는데 젊은 집사님 손님이 찾아 왔다. 우리 교회에서 기도를 하고 싶은데 사용해도 되는지 허락을 요청하였다. 그렇게 하시라고 말씀드리니 그분은 너무 기뻐하면서 인사를 아주 공손하게 하였다. 엄마가 건강이 안 좋으셔서 함께 기도하는 팀이 있는데 화요일과 목요일 저녁에 기도회를 하고 싶다는 것이다.

교회는 하나님의 집이고 누구든지 와서 기도할 수 있는 곳이므로 나는 너무 기쁜 마음으로 '이 장소가 귀한 하나님 나라 사역에 쓰임 받을 수 있다면 더 기쁜 일이 아니겠는가!' 생각하고 흔쾌히 승낙해 주었다. 그다음 날부터 저녁이며 기도 소리와 찬송 소리가 들려왔다.

나와 장로님은 현장에서 일하다 들어오면 저녁 8시~9시 사이에 저녁 식사를 하고 몸도 피곤하고 지쳐서 한두 달은 그냥 지나갔다. 그런데 나도 기도하고 싶었고 '세계 선교'를 하라고 하셨는데 이것을 감당하려면 기도의 힘도 필요하고 함께 기도할 수 있으면 좋겠다고 생각했다.

혹시 이들의 신앙 사상은 온전한 사람들인지 등의 우리 성전을 사용하는데 최종 책임은 하나님이 나에게 물으실 것 같아서 다짐하고 참석하게 되었다.

기도도 아주 길게 하고 말씀도 전도사님이 전하는데 살펴보니 이단은 아닌 것 같았다. 그래서 새해부터는 함께 말씀을 서로 교대로 전하면서 기도회를 하면 좋겠다고 말씀을 드렸다.

그렇게 의논을 하고 서로 나중에 그렇게 하게 되면서 남편도 참석하고 점점 더 간절히 기도하는 가운데 코로나로 인해 수요일 금요일로 시간대로 변경해서 하기로 정했다. 공동 예배는 규정만 지키면 방해하지 않던 시간이기 때문에 우리 교회는 이렇게 코로나 시기에도 모든 예배를 빠짐없이 드렸다. 성도들이 많지 않았기도 했지만 어쨌든 우리 교인은 한 명도 코로나 걸린 사람은 없었다.

각국에서 오신 국제모델 대회에 오신 분들

자연치유(욥:10~11절)

자연 치유 사역

욥기 9:10~11

10. 측량할 수 없는 큰일을 셀 수 없는 기이한 일을 행하시느니라.

11. 그가 내 앞으로 지나시나 내가 보지 못하며 그가 내 앞에서 움직이시나 내가 깨닫지 못하느니라.

1) 하나님이 펜션을 하게 하다

나에게 2019년부터 기도 팀이 찾아오고 내 마음속에도 '2020년부터 사역을 하게 되리라.'는 마음을 주셔서 서서히 준비하고 인테리어 일에서 서서히 손을 떼기로 했다. 그리고 부 교역자를 모셨는데 대체의학을 하는 목사이면서 제자 목사였다. 나는 외국에 다니면서 일하지만 부 교역자는 교회 일을 하도록 도와주어야 하는 상황이었다. 그때 펜션을 하던 부부 목사님이 계셨는데 사모님께서 돌아가셨다. 그래서 펜션을 대신 운영하면서 내 일을 돕는 것을 생각하고 그 펜션을 맡아서 하기로 소원하면서 하나님께 작정 기도와 금식기도를 하면서 연결된 것이 처음 우리가 생각한 것은 아니지만, 수리를 해야 하는 펜션을 운영하게 하셨다.

코로나가 있어도 '어느 정도 지나면 잠잠해지겠지.' 생각한 것이 갈수록 태산이고 경영난 운영문제가 아무리 능력 있는 사람이라도 쉽지 않은 상황이었다. 나 또한 외국으로 선교 간다고 했지만, 모두가 나갈 수 없는 상황이기 때문에 코로나가 잠잠해질 때까지는 아무 계획도 세울 수 없는 상황이고 이미 시작한 펜션은 임대 기간까지는 어떻게든 운영해야 하는 형편이었다.

계약 기간까지는 하나님이 시키신 일이기에 시작도 안 해 보고 접을 수 없어서 망하든 흥하든 해 봐야 한다는 것이 내 결심이었다.

왜냐하면, 내가 하고 싶어서 한 것이 아니고 6개월 동안이나 기도하면서 시키신 일인데 내 마음대로 그만둘 수가 없어서 세상 말로 망해도 1억인데 주님 때문에 1억 원 없어진다고 해서 하나님의 일 앞에 뒤로 물러설 수도 없고 만약 질병이나 기타 재해가 오면 1억은 금방 없어지는 돈인데 주님 명령 따르다 손실 됐다고 해도 그분이 원하시면 가야 한다고 생각하여 끝까지 가겠다고 굳게 마음먹었다.

하나님이 시키실 때는 이유가 있어서 시키신 것이지, 하나님이 아무 이유 없이 시간 낭비하고 나를 망하게 하시려고 시키신 것은 아니기에 그분이 시키신 일은 진실하게 하고 있어야 하는 것이 나의 의무이고 책임이었다. 엄청난 운영문제 앞에 남편은 반대했고 막상 그 펜션을 시작해 보니 기본 운영비만도 월 천만 원 정도가 있어야 하고 이 돈을 만드는 것이 매우 힘든 상황이었다. 남편은 어느 날 믿음이 좋고 능력 있다고 하는 한의사와 운영 잘한다는 사람을 모시고 와서 이곳을 운영하게 하고 나에게는 선교 일만 하라고 했다. 이것이 처음에는 나를 돕는 우군인 줄 알고 감사하게 생각하고 시작했지만, 이것 또한 사람 생각과 현실은 다르고 코로나 상황에 누군들 잘할 수 있었을까. 잘 운영하겠다고 해 놓고 7개월이 지나도 진전이 없고 오히려 월세도 못 내는 상황까지 가게 되었다.

여름에는 손님들이 많이 찾아와도 받을 수 없는 상황의 문제가 생겼다. 세 동 중에 한 동을 선교관으로 사용하기로 했기 때문에 나머지 2동이 내 집이지만 사용 못 한다고 문을 잠그고 비밀번호를 채웠다. 하나님께서 고통 중에 나를 부르라 내가 너를 영화롭게 하리라는 말씀처럼 여러 가지 어려움을 겪으면서 지혜를 받아 나름대로 운영하는 지혜를 알게 하셨다

2) 건강이 회복되는 치유 사역

어머니는 더는 방법이 없었다. 귀가 안 들리게 되시니까 곡해와 오해로 다툼이 많이 생기고 좀 심각한 상태가 되었다. 그런데 때마침 대학원에 들어가서 영양학을 공부해 보니 영양소가 얼마나 중요한지 영양소를 골고루 매일 공급 받으려면 매일 한식 상차림 음식처럼 차려서 먹어야 70~80% 영양소를 유지할 수 있다는 것을 깨달았다. 경제적으로 이렇게 먹는 사람이 있다고 해도 양도 많지만, 배가 불러서 필요한 영양소를 다 먹을 수 없다

또 영양소 관리를 위해서 더욱더 많은 양을 음식을 먹어야 필요한 영양소를 채울 수 있다는 것을 알고 '먹는 것으로는 다 해결할 수 없고 건강식품 영양소를 드시게 해야 하는구나.' 생각했다.

'어머니께 영양제를 드시게 해 보자.' 생각하고 사 드리기로 했다. 한 달 드시고 귀가 들리는 것이다. 병원에서는 포기하라고 어쩔 수 없다고 했는데 엄마 귀가 조금씩 잘 들리게 되었다. 이제 또박또박 말을 하면 그런대로 의사 전달이 되고 나로서는 학교에서 배운 것을 삶에 바로 적용하게 되어 정말 영양이 얼마나 중요하다는 것을 경험하게 되었다.

내가 대체의학 건강관리 계통의 일을 하고 있었기 때문에 아주 귀중한 경험이 되었고 그 후로 많은 사람에게 도움을 주고 이쪽 분야의 전문가로 더욱 자신감을 갖게 되었다. 키가 자라지 않는 아이도 성장기에 편식이나 예민한 성격 등 때문에 키 크는 문제가 있을 수 있고, 이러면 경우 필요한 것을 적용하면 키가 크는 것을 경험하고 지금도 그때 키가 작던 아이가 지금은 너무 멋지게 잘 자라줘서 뿌듯하고 나에게 매우 고맙다고

하시는 부모님께서 계시니 정말 보람 있는 일이었다.

최근에는 93세 치매 어머니를 모시고 계신 목사님께서 어머님을 모시는 게 너무 힘들고 자식들 고생이 말이 아니라고 하셨다. 그 사정이 너무 딱해서 내가 이것을 선물해 드려 먹게 하니 스스로 걸어서 화장실도 가시고 아들 밥도 하시겠다고 하시면서 기억력이 돌아오는 것을 보았다.

치매 환자를 간호한다는 것은 엄청난 고통이다. 요양사가 있다고 해도 밤에는 또 가족들이 간호해야 하고 그래서 내가 건강 관리사였기 때문에 이 방법을 권장해 드렸더니 스스로 화장실 가고 기억력도 돌아와서 아들 밥을 해 주려고 하고 목사님이 너무 고마워 하셨다 그래서 언제든지 이 체험을 듣고 싶어 하는 사람이 있으면 적극 이야기를 해 주시겠다고 하셨다.

가족 한 사람 아프면 초비상이다. 건강하게 살기 '99, 88, 1. 2. 3'이라는 말이 있다. 99세까지 88 하게 건강히 사시다가 하루, 이틀 아프고 삼 일 만에 천국 가시는데 자식들 불러서 하실 말씀 다 하시고 이별할 수 있는 복을 받는 것이 매우 중요하다고 하는 말이 있다.

우리나라 평균수명은 연장되었지만, 병원 생활 10년~30년 젊어서 번 돈을 병원에 다 주고 간다고 하는 말이 있다. 요양병원에 10년이나 계시는 상황이면 살았다 하나 가족과 이별하고 자기 스스로 모든 것이 부자유스러운 상황에서 지내는 기간이 몇십 년이 된다면 미리미리 알고 대비하고 건강을 관리하는 것이 매우 중요하다.

독소와 노폐물 특히 나이 드신 분이 몸이 뚱뚱할 경우 이것은 독소가 많다는 것이다. 독소를 없애 주는 것이 매우 중요하다. 그런데 쉽지가 않아 가장 빨리 몸 안에 독소를 없애는 방법은 금식이나 절식'이다. 두 번째 방법은 '운동'이다. 그런데 나이 먹으면 밥을 굶기가 무척 어렵다. 왜 그런가 하면 기력이 다들 쇠하고 힘이 없기 때문이다. 그런데 밥 안 먹고 기력도 다 떨어지지 않는 것이 있다면 밥 대신에 먹고 독소를 빼는 것을 권한다.

독소를 빼기 위해 다이어트 사관학교에서 영양학 관리 등을 배우고 익혀서 내 몸은 내가 관리하면서 만들어 가는 것이다. 한때 병원에서는 유전이라고 했지만, 이것은 생활습관 등의 영향으로 많은 질병이 발생 되는 원인으로 밝혀졌다. 그러므로 일상생활에서 잘못한 습관이 되었다면 이것을 바꾸는 것이 또한 습관을 길들여서 바꾸어야 한다. 내 몸은 내가 만드는 것이다. 내 습관이 지금의 나를 만든 것이다

다이어트는 기본에 대한 개념과 이해가 정립되면 다이어트는 그냥 해결되고 매일 매일의 지금까지의 습관개선, 생각개선, 음식 메뉴얼 습관을 바꾸어야 한다. 세포들은 내 몸에서 계속 다시 태어나고 다시 사라지기를 반복하는데 이 떠나는 세포가 새로 재생되는 세포에 이 사람의 습관과 성격 모든 정보를 주고 떠난다고 한다. 이때 내 정신이 이것을 바꾸겠다는 강한 의지를 갖추고 조금씩 조정하면서 20일 1차 변화 주기, 40일 2차 변화 주기, 100일의 시간을 다스 릴 수 있다면 당신은 성공이다. 바꾸어질 수 있다.

그래서 행동이 매우 중요하다. 한꺼번에 다 한다고 생각하면 힘들지만, 짧은 기간부터 정해서 내 의지와 내 정신과 그 외 물리적인 것을 동원해서라도 바꾸면 달라질 수 있다. 정신이 깨어 있지 않으면 생명의 본질이기 때문에 내 육체와의 전쟁에서 믿음이 중요한 것이기 때문에 하나님이 함께 정신의 방향을 잡아 주면서 이끌어 간다면 내 안의 힘보다 수월하게 이 모든 것들을 극복하게 되고 내 몸은 근본 창조주의 섭리와 원리를 따라 자동으로 내 정신이 이기고 내 마음이 이기게 되어 있다.

3) 우리 육체의 세팅은 본래 완전하게 되어 있다

그분이 이끄시는 대로 가면 가장 빨리 쉽게 가는 것이다. 다이어트는 보너스로 주어진다. 2박 3일을 성공하면 내 모든 것을 바꾸기 시작하는 시점이다. 이것을 성공 하면 내 몸의 변화가 바뀌는 시점이다.

우울증 환자의 경우 어느 지점에서 이 세포들이 같은 방향으로 가려는 생각과 함께 습관을 주도해 가는데 본래 습관에서 오는 생각과 행동을 따르는 것이 아니고 새롭게 만들어진 세포가 주도권을 잡고 가도록 말씀에 이끌려서 새로 만들어진 세포들은 항상 기뻐하고 쉬지 말고 기도하고 범사에 감사하는 마음과 생각을 하도록 하루에 100번 외치면서 내 귀에 들리도록 선포한다.

우리는 귀로 듣고 마음으로 받아들인다.

눈으로 보고 마음으로 받아들이기도 한다. 좋은 것을 듣고 좋은 것은 보는 것이 그래서 매우 중요하다. 어떻게 보면 보는 것이 더 영향이 크다고 할 수 있다. 우리의 몸이 여기에서 벗어났을 때 회개하고 돌이켜 생각에서 모든 것을 던져 버리면 모든 것이 차츰차츰 바뀌게 된다. 우리의 세포는 20일 동안 같은 방향, 같은 생각으로 가면 20일간 만들어지는 세포는 내가 소원하는 세포로 만들어진다. 20일 첫 단계가 중요하고 40일 지나면 50% 목적 방향으로 가게 된다. 40일 이상 같은 생각과 마음으로 두 마음을 먹지 않고 간다면 반드시 승리는 올 것이다.

나에게 있어서 이런 여러 가지를 실제로 실험과 결과들을 보여줌으로 주변에서 살아 계신 하나님을 나타내 보이게 되었다.

하나님께서 나에게 깨우쳐 주신 것은 내가 믿음으로 기도한 것은 받은 줄로 믿고 의심하지 않으면 그대로 된다고 하셨는데 우리는 자꾸만 옛 생각을 하면서 마음이 흔들리고 의심하게 된다.

하나님은 두 마음을 품은 사람들에게 하시는 말씀이 '정함이 없는 마음'이라고 하시면서 요동하지 말라고 하신다. 그런데 얼마나 많은 사람이 이렇게 두 마음을 먹는지 모른다. 우리의 세포는 떠나갈 때 인수인계를 한다.

그 주인에 옛 습관과 생각, 음식 먹는 스타일 모든 것을 아주 충성스럽게 전수한다.

그런데 우리는 바뀌어야 한다. 소원대로 말씀대로 이루어지기를 바랄 때 그대로 되는 것이다. 피부 세포는 28일 주기로 바뀐다. 옛날 것이 계속 있는 것이 아니므로 새로 만들어지는 것에 대하여 소원대로 명해서 20일, 40일, 100일 '무릇 지킬 만한 것보다 더욱 네 입술을 지키라,'고 한 것처럼 하면, 반드시 승리하게 되는 것이다.

나의 경우 강남에서 건강 관리센터를 할 때 내 몸은 기도로 나았고 고쳐 달라고 해서 고쳤지만, 어느 날 깨달은 것이 새 부품으로 갈아 주는 자동차 부품처럼 내 몸 안에 오장육부 모든 약한 것을 100일에 시간을 정해 놓고 새것으로 바꾸라고 명령하고 기도하고 불신앙의 언어와 생각 등에서 말씀대로 하지 않는 것이 있다면 회개하고 처음 바라고 생각한 대로 매일 선포하면서 오장육부 모든 것 건강해지는 그날 많은 사람에게 하나님을 보여 드리는 계기가 되었다.

또한 사람이 나이 먹는다고 늙는 것이 아니라는 것도 깨닫게 되었다. 요즘 집을 리모델링하는데 골조만 남겨 놓고 모든 것은 철거한다. 그리고 새 아파트처럼 만들기도 하고 새로운 집으로 만드는 것을 보게 된다.

사람도 본래 옛것이 있지만 많은 과학과 기술이 발전해서 새롭게 만들기도 하고 고치는 것들을 볼 수 있다. 반드시 사람이 나이 먹는다고 꼭 늙거나 병드는 것이 아니고 관리를 잘한다면 바뀔 수도 있다는 것을 기억하기 바란다.

　나에게 하나님은 창조의 능력을 하나님처럼 말의 권세를 가르쳐 주시기 위해서 내 몸의 약함을 가지고 일하셨다.

　내 몸의 오장육부를 고친 것은 나의 믿음이 하나님을 믿고 죽은 나사로는 썩어서 냄새나는 나사로가 살아날 줄 믿느냐는 주님의 질문 앞에 너의 믿음이 이렇게 하는 나를 믿느냐 라고 묻는 물음 앞에 감동 감화를 주셔서 나는 창조의 권세를 가지고 내 몸에 어떤 약이나 무엇을 한 것이 아니고 오직 말씀 먹고 내 마음과 내 생각이 주님의 능력을 오늘도 인정하고 받아드리고 선포하는 시간을 100일을 잡고 선포하게 된 것이다.

4) 신경계의 세계

생각과 신경이라는 것을 잠시 생각해 보자. 어떤 사람이 아주 기분 좋았다가 어떤 나쁜 말을 들으면 금방 신경에 모든 변화가 온다. 그래서 때로는 쓰러지기도 하고 나쁜 쪽으로 반응하면서 나타나는 현상을 볼 수 있다. 그런데 전혀 느끼지 못하고 이해하지 못하는 아이나 다른 사람들과 이해관계가 없는 사람들은 별로 다른 증상이 나타나지 않는다.

이처럼 우리는 신경 정신계에도 엄청난 힘과 능력이 있다는 것을 알 수 있다. 지금까지는 정맥, 동맥 혈액 순환에 관해 해결할 수 있는 제품들이나 약이 나왔지만, 앞으로는 세포에 관한. 자료와 정보 지식 등에 관한 총체적 지식과 연구들이 많이 나올 것이다. 또 신경의 영향과 반응 정신세계의 변화를 조정하는 기술들이 많이 나올 것이다.

완벽하시고 빈틈이 없으신 그분께 매달리고 그분의 지혜를 받으면 우리는 다 할 수 있다.

하나님의 인도와 지도를 받을 수 있는 지혜로운 자가 하나님께 힘을 덧입는다면 초인간적인 힘이 나와서 능력 있는 사람, 훌륭한 사람, 성공한 사람, 머리가 되는 사람, 남을 리드해 가는 사람이 되는 것이다. 완벽하시고 빈틈이 없으신 그분께 매달리고 그분의 지혜를 받으면 우리는 다 할 수 있다.

적당히 먹고 적당히 활동을 조절하는 능력이 우리 몸 안에 다 있다.

내 몸에 필요한 이 모든 것을 잘 아시는 분, 나보다 나를 더 잘 아시는 분, 나의 보이지 않는 잠재력 속에 상태도 다 아시는 분께 붙들려서 나에게 주어진 시간과 공간과 생각을 의지해야 한다.

정신의 인도와 지도를 받을 수 있는 지혜로운 자는 마음에 고민하지 않고 그 사람을 하나님께 온전히 맡길 때 우리에게 창조의 권세가 있다고 하시면서 "내가 네 입의 말대로 내가 시행하리라." 하신 것처럼, 나는 내 모든 세포를 향하여 건강하고 소화 잘되고 어렸을 때 처음 만들어졌던 건강한 세포와 함께 새로 만들어지는 모든 간과 심장 오장육부를 모두 명하면서 새것으로 바뀌라고 매일 만들어지는 세포들을 향하여 매일 매일 믿음으로 선포했다.

그랬더니 놀랍게도 100일 만에 모든 기관이 완전히 고쳐졌다. 함께 일하는 직원들 주변 사람들에게 증거를 보여 주고 살아 계신 하나님을 들어냈다.

그 후로 제자들을 가르칠 때도 이 방법을 설명하면 온전한 믿음과 우리 입술의 권세와 하나님 말씀대로 내가 네 입의 말한 대로 시행하신다는 증거를 보여 주고, 가르쳐 주고, 확증시켜 주었다. 그 후에 나는 다시 모든 소화기관과 장기들은 이상 없이 지금까지 튼튼하다.

그때 구하지 않았던 관절들이 휘청휘청, 흔들흔들하는 느낌이 제주에 와서 지금쯤부터 나타나기 시작하니 생각나기를 '그때 기도하지 않은 관절 부분이 이제는 고장 났구나.' 하고 바로 기도해서 현재는 모든 것이 다 괜찮아졌다.

이때 오장육부를 고쳐 달라고 기도하고 바꿔 달라고 기도했다. 처음 예수님을 믿고 신유 은사를 체험하면서 위장병과 심장병을 고쳐 달라고 해서 고쳤지만 조금만 죄를 짓거나 기뻐하지만 않아도 또 아프곤 했다.

그때마다 얼른 회개하곤 했었는데 이때는 다시 새것으로 바꾸어 달라고 기도해서 약한 오장육부가 모두 새것으로 교체되니 다시는 아프지 않

고 고통스럽지는 않아서 좋았지만, 매일 아플 때마다 잘못한 것 깨달았
던 것이 없어지니 내 영이 좀 무뎌진 것을 느꼈다.

영적 전투

9. 내가 문이니 누구든지 나로 말미암아 들어가면 구원을 받고 또는 들어오며 나오며 꼴을 얻으리라.

10. 도둑이 오는 것은 도둑질하고 죽이고 멸망시키려는 것뿐이요 내가 온 것은 양으로 생명을 얻게 하고 더 풍성히 얻게 하려는 것이라.

11. 나는 선한 목자라 선한 목자는 양들을 위하여 목숨을 버리거니와

12. 삯꾼은 목자가 아니요 양도 제 양이 아니라 이리가 오는 것을 보면 양을 버리고 달아나나니 이리가 양을 물어 가고 또 헤치느니라.

13. 달아나는 것은 그가 삯꾼인 까닭에 양을 돌보지 아니함이나

14. 나는 선한 목자라 나는 내 양을 알고 양도 나를 아는 것이

15. 아버지께서 나를 아시고 내가 아버지를 아는 것 같으니 나는 양을 위하여 목숨을 버리노라.

1) 오수 똥물 사건

하나님이 하신 일들을 가감 없이 전하고자 있는 대로 서술하면 하나님께 영광을 올려 드리고 모든 것에서 주님이 다 하셨음을 고백합니다. 이제 여러 가지 방법으로 방해하고 훼방하는 여러 가지 문제들을 통과하면서 깨달을 것을 나누고자 합니다. 펜션에 수리 기간이 지나고 손님을 받을 단계에서 먼저 성전으로 쓰는 곳에 화장실 오수가 넘쳐서 교회의 배설물 오수 냄새가 나서 난감한 상황이 벌어졌다. 하루 종일 역류하는 배설물을 치우고 정리하고 나면 또 다른 모르는 사람이 화장실을 보고 또 그런 상황이 되고 우리는 결국 화장실 문을 사용 불가로 봉쇄해 버렸다.

하지만 계속 봉쇄하고 사용할 수 없기에 이 분야에 전문가 몇 사람을 부르게 되었다. 30m 이상의 긴 정화조를 뚫는 것을 넣어서 뚫고 본관 정화조 배관을 찾아 그곳까지 모두 청소를 하게 하였다. 큰 집은 무엇이든지 10배 20배 비용이 나오는 것이다.

우리는 큰 것을 달라고 기도하지만 막상 주님이 큰 것을 주시면 그 유지비와 공과금도 감당 못 하는 상황이라 큰 것이 다 좋은 것이 아니다. 감당할 수 있는 능력이 되어야 한다. 주님은 이런 것을 통해서도 많은 것을 깨닫게 하신다. 그래서 우리가 원하는 것을 아무리 주셔도 능력이 안 되는 사람은 마치 고급 자동차를 누가 선물해도 유지비 감당이 안 되면 탈 수 없듯이. 큰 것을 주면 기본 공과금만 해도 보통 사람이 한 달 월급 이상이기 때문에 우리는 반드시 그것을 감당할 수 있는 그릇으로 준비되어야 한다.

우리는 이 큰집에 정화조 배수관 문제와 그 외의 모든 문제를 해결하는데 얼마나 큰 비용이 들었는데 큰 부담이었다. 하지만 누구에게 말할수 없고 주님이 우리에게 감당할 수 있는 능력이 있어야 한다고 하셨다. 주님은 이렇게 큰 것들을 주시면서 세상을 다스리고 정복하는 것도 능력이다. 다스릴 수 있는 능력, 통치할 수 있는 능력을 모두 갖추라고 하신다. 수십 년간 한길만 걸어온 사람처럼 할 수도 있지만, 주님 말씀에 순종한 사람은 요셉처럼 분명히 요셉은 세상의 학문으로 실력을 쌓은 것은 아니지만, 말씀에 의지하여 주님의 음성을 듣고 주님께 무엇을 구하든지 주님이 응답하시는 친근한 관계에 있었기 때문에 바로 왕이 무슨 꿈을 꾸었을까 하나님께 물을 때에 하나님은 바로 왕이 꾼 꿈 내용까지 요셉에게 보여 주시고 해석의 능력까지 겸하여 주셔서 이 모든 것을 감당하게 하셨다.

우리도 주님이 이끄시는 대로 그분이 원하는 대로 내가 그 자리에 앉아 있으면 그분이 영으로 알려 주시고 풀어 주시고 깨닫게 해 주신다. 이시대는 이렇게 주님의 음성을 듣는 자가 많이 일어나기를 우리는 사람이 할 수 있는 기술자들을 불러서 다 해 보았고 기술자들도 자신이 알고 있는 모든 방법을 다 동원하였지만 더는 모르겠다. "2차 공사한 비용은 그냥 받지 않겠습니다." 하고 물러가 버렸다. 우리는 이 문제를 앞으로 어떻게 할까? 오직 하나님 밖에 찾을 분이 안 계시고 이 문제를 해결하실분도 하나님 한 분이라고 고백하게 되었다.

우리는 기도하고 겸비한 자세로서야 함을 말하고 계속해서 예배 때마다 기도하였다. 우리는 하나님께서 별 기도를 다 하게 하신다고 생각하였다.

이렇게 난감하고 위급한 성전과 숙소의 문제를 어떻게 하겠는가? 전문가는 노출 배관으로 화장실은 다시 만들든지 해야지 다른 방법이 없다고 집을 다시 지을 수도 없고 우리는 계속해서 기도하고 3개월쯤 지나서 혹시나 하는 마음에 다시 화장실에 가서 확인해 보았다. 여전히 또 그런 역류 증상이 있었다. 또 청소하고 그리고 기도하고 다시 한 번 해 보았다. 그때 문제가 해결되었다.

우리는 모두 할렐루야를 외치면 하나님이 하셨습니다. 고백하면서 하나님을 찬양하고 그 후로 3년이 지나도 아무 이상 없고 다시는 그런 문제가 발생하지 않았다. 우리는 하나님이 하시는 일들이 이성적이고 합리적인 것뿐이 아니고 이스라엘 민족은 가나안을 향해 가는 도중 어려운 일 난감한 일을 만날 때마다 그분 앞에 간구해서 해결된 것들이 너무나 많았다. 우리 인생의 여정 속에서 지금 풀 수 없는 현실 앞에서 하나님 자녀의 문제를 예수님은 결코 외면하지 아니하시고 우리를 위해 중보하시고 도와주시기를 원하신다. 너희는 무엇이든지 기도하라. 무엇이든지 해당 안 되는 문제는 없다. 무슨 기도를 하든지 응답하시겠다고 하시는 하나님의 말씀은 이루어짐을 믿는다.

2) 거짓된 그리스도인의 분별

예수님 이름으로 선교회를 돕고 주의 일을 하는 사람들을 돕겠다고 말하면서 일하겠다는 사람들이 진짜인지 이용하려고 오는 사람인지 하는 행동을 보면 알 수 있다.

하나님의 사람이라고 하면서 거짓으로 말하고 행동하는 사람들이 너무나 그럴싸하게 하면서도 자꾸 이유를 대고 다른 말을 하는 사람들을 보면 예수님 이름을 내세우며 남을 이용하고 장사하고 자기의 유익을 얻기 위하여 과장된 모습을 나타난 것이다. 분명 하나님의 사람은 정직하고, 진실하고, 부지런하고, 자신에게 해가 될지라도 그 말을 지키고 모든 정한 일에 결함이 없는 사람이며 모든 것은 하나님이 갚아 주신다. 그런데 자신의 손해를 보지 않고 유익을 따라 행동하면 이는 가짜이다. 이런 점이 발견된다면 절대 일을 같이 하면 안 된다.

이런 사람과 같이하면 할수록 더 큰 일로 화를 당하게 된다. 더 깊이 문제가 발생하기 전에 정리하는 것이 좋다. 특히 요즈음 예수님의 이름으로 선교한다고 하면서 위장한 사람과 선교단체들이 많다고 한다.

예수 이름으로 한다고 하지만, 진실하고 투명하지 못하면 이런 사람은 첫째, 하나님이 돕지 않으신다. 비전이 있다 할지라도 아직 그 비전이 이루어지려면 먼 사람이다.

그는 능력이 많고 세상에서 탁월한 일을 했다고 한다. 세상에서의 경력은 누가 들어도 그 사람 말에 신뢰가 되어서 사람들이 몇 십억에서 몇 백억 원을 맡기고 후원했던 사람이다.

모두가 그 사람이라면 반드시 잘할 것이라고 믿어 주면서 많은 사람이

합세 하여 일을 했다. 목회를 한다면 주의 일에만 힘쓰시고 펜션 일에는 신경 쓰지 않아도 된다고 하였다

이들은 의사와 컨설팅하는 사람, 마케팅 하는 사람들이 모여서 연합으로 일하는 것이었다.

하지만 시간이 지나면서 내가 하려고 하는 사역에 제한을 걸고 자꾸만 점령해 들어오면서 결국 한 장소의 공간만 사용하라는 것이다. 나를 돕기 위해 왔다면 내가 하도록 도와주고 밀어주어야 하는데 모든 투자비용을 내가 다 냈는데 내가 사용해야 하는 공간을 제대로 사용하지도 못하고 있는 상태에서 자신이 모든 이익을 남겨서 줄 테니 아예 비우라는 것이다.

나는 내가 하고자 하는 모든 것에 결국 영적 방해 공작이라는 것을 깨달았다. 결국, 사단의 훼방이라는 것을 알아차리고 절대 물러서지 않기로 했다.

말뿐이지, 내가 움직이는 자동차 기름 값도 하나 줄 수 없는 형편이라 오히려 내가 사용하는 모든 영역에 방해 작업이라는 것을 인지하고 '죽기까지 싸우리라.' 마음먹었다. 전기요금과 수도요금이 2개월 이상 밀려도 해결 못 하는 이유는 거짓말을 계속하기에 이 사람이 하는 모든 것이 거짓이었다. 모두가 진심이 아니었다. 하나님의 사람은 문제가 있으면 기도해야지 사람의 생각과 방법을 쓰는 이 사람은 하나님의 사람이 아니라는 것을 결론을 내렸다.

결국은 더는 함께 갈 수도 없고 차라리 공과금만이라도 내고 정리해 주길 원했지만 정리해 주지 않았고 방해만 했다. 8개월이 지나면서 강제 행정 방법을 사용해야겠다고 생각하는데 오히려 주변에서는 모두 나더

러 빨리 정리하라고 했다. 나는 하나님의 명령이기 때문에 돈을 아무리 주어도 나는 물러서지 않을 것이고 모든 것을 원점으로 돌리길 원 하다고 하면서 10개월이 지났다.

10개월의 시간이 그냥 흘러지나 가면서 다시 한번 죽든지 살든지 하나님께 매달렸어야 했는데 너무 어렵고 힘들다는 이유로 예수 이름으로 돕겠다는 말 한마디 때문에 깊이 기도하지 않고 받아들인 것이 내 실수였다. '인간의 얄은꾀에 또 걸렸구나.' 생각하고 회개하면서 하나님을 의지하고 기도로 한 걸음씩 한 걸음씩 나아갔다.

마지막 끝까지 나는 이 길을 가야만 한다고 결단하는 그날, 하나님이 매우 기뻐하시면서 내가 시험에 잘 통과하고 있구나. 그날 정말 얼마나 오랜만에 내 안에서 넘치는 기쁨과 감사가 하늘에 닿은 느낌이었다. 이렇게 하나씩 풀어지면서 모든 것이 이제 정상의 단계의 서게 되었다. 세월을 1년을 그냥 허비하고 이제 남은 1년 기간 동안 계속해서 펜션을 지속할지, 정리할지 6개월 남은 시점에 주님께 묻기로 하고 기도하는 중 새로운 장소로 옮겨 주셨다.

이 펜션에서 사역을 정리해야 하는가 하는 마음으로 하나님께 기도하면서 이곳을 운영하고 사역하기를 원하는 세 분의 목사님이 계셨지만, 최종적으로 대안학교 하시는 분께 하나님이 모든 운영권을 가지게 하셨다. 그리고 새로운 다른 펜션에서 다시 새로운 사역을 시작했는데 처음에 이곳에서는 이미 예약된 손님들로 인해 너무 바쁘고 또 치유 사역을 이곳에서 해야 하는가, 말아야 하는가? 갈등하는 시간이 1년 가까이 지나갔다.

왜냐하면, 새롭게 시작하는 그 일에 얼마나 많은 에너지와 수고를 해야 하는지, 해 본 사람만이 알 수 있다. 아무리 유능한 사람도 시행착오를 하면서 운영하게 된다. 그래야 고객의 성향을 파악하고 자리를 잡게 되기 때문이다. 가을부터 예상외의 환경들이 생기면서 그 일을 해야 하는 환경과 또 같은 뜻을 품고 일하기를 원하는 분들이 모여지면서 하나님이 처음에 주셨던 방향으로 인도해 가라는 것을 느끼게 되었다.

내가 일부러 찾아다니면서 만나려 해도 만날 수 없는 너무나 귀한 하나님의 사람들이 찾아오고 교제하게 하셨다. 하나님이 일하시는 것을 느끼면서 담대하게 나가기로 마음먹었다.

주님이 앞서 일하실 줄 믿고 믿음으로 나가기로 했다.

나는 일찍부터 부활의 비밀을 잘 안다. 그리스도와 함께 죽고 그리스도와 함께 다시 사는 것을 일찍부터 경험하였고 나는 처음 신앙생활 할 때는 그리 오래 살고 싶지 않은 생각을 했는데 신앙생활을 하며 하나님을 알게 되었기 때문에 죽는 것을 오히려 사모하면서 살다 보니 오히려 하루하루 살아가는 것에 대한 놀라운 기쁨을 맛보게 되었고 새롭게 살아나는 희망과 기쁨으로 기대가 되는 삶을 날마다 경험 했다.

일생의 한 번만 죽는 것이 아니라 다년생 식물들은 해마다 죽고 해마다 다시 새싹이 나오고 열매를 거두는 것을 보면서 우리도 믿음 안에서 날마다 죽으면서 다시 새롭게 성령의 열매를 맺고 사는 것이다.

이 모든 것이 자연계에서 만들어지는 것을 보면서 우리도 신앙의 세계에서 날마다 부활 되어 완전히 죽을 때만 새로운 세계로, 우리 안에서 날마다 부활로 새로운 깨달음을 받으며 살아간다는 것이다. 우리가 말씀에 순종하지 않고 어린아이같이 맨 날 우유만 먹고 젖만 먹지 말고 딱딱한 고기도 먹고 말씀에 의지하여 열매 맺는 생활을 하기 원하신다.

그런데 열매 맺는 것이 전도만이 아니다.

전도의 열매는 그 담임 목사의 열매이다. 내가 일부분 헌신한 것은 있지만, 그 열매는 그 교회 목사님의 열매이다. 어느 교회에서 전도사님이 50명을 전도해서 교인이 만들어졌다고 해도 그것은 그 전도사님의 열매가 아니다. 그 전도사님의 전도 능력으로 다른 곳으로 가서 개척하면 그곳으로 많은 영혼이 몰려가야 하는데 그것이 아니라는 것을 깨닫게 되었다.

그 담임 목사님과 그 교회 성도들의 열매인데 그것이 자기 때문이라고 생각하고 목사님께 도전하고 하게 잘난 척하고 교회에 물의를 일으켜 사람들은 실족시킨다면, 이것은 모두 예수님을 대적한 행위가 되는 것이고 한쪽으로 죽을 만큼 사랑한다고 하면서 또 한쪽으로는 주님의 나라를 무너트린 죄가 된다는 것이다.

이때 교만 마귀가 "너만큼 잘하는 사람이 없어." 이렇게 생각하게 한다. 그런데 목사님은 알아주지 않고 나보다 전도도 잘 못 하는 누구누구 집사 등등 벌써 교만 마귀가 많이 자리 잡고 있다. 그런 교만의 마음을 뽑아 버려야 한다. 금식하며 뽑아야지 그냥 뽑히지 않고 때론 주님이 개입하셔야 뽑힌다.

머리가 좋아서 신학박사까지 공부하고 또 사람을 가르친다고 해도, 인격이 안 되면 그리스도를 욕 먹인다. 얼마나 많은 지성인 크리스천 중에 많이 알아서 신학박사가 되고 남을 가르치는 교수가 되었다고 믿음이 좋은 것은 아니다.

믿음은 아는 것과 상관이 없다. 믿음은 행동으로 옮긴 결과를 보고 알 수 있다. 말씀 그대로 사신 분, 이 사람을 보고 믿음으로 살았다. 믿음이 좋다. 예수님처럼, 예수님이 가신 길을 따라가는 것이 믿음의 사람이다. 그런데 이렇게 보는 외형적인 모습의 사람을 보고 그 사람의 믿음을 알 수 없다. 이런 사람을 볼 때 사람들이 유혹하는 부분이고 이런 사람을 통하여 하나님은 큰일을 하시지 않는다. 다만 일부 도구로 쓰임 받을 뿐이다.

'복음 가수'는 노래를 잘하고 목소리가 좋은 사람이 복음 가수로서 영향을 미치는 것이 아니고 하나님의 말씀을 따라 온전히 살았을 때 그 찬양이 능력이 있고 권세가 있고 사람을 살리는 찬양이 되는 것이다.

노래를 잘하고 과거에 믿음으로 잘 살았지만, 현재 믿음으로 살지 않는 사람은 세속적인 사람이 되어서 감동을 주는 찬양을 부를 수 없다. 사람들을 변화시키지도 못하고 사람들 마음을 울리지도 못하며 귀에 울리는 꽹과리 소리만도 못하다.

이처럼 복음 가수가 신앙생활은 엉망으로 살면서 노래를 부르면. 듣는 사람이 헛구역질이 나오고 속이 뒤틀려서 들을 수가 없다. 이것이 영의 세계이다. 속일 수도 없고 위선으로 갈 수가 없이 모든 것이 전부 다 드러난다. 그래서 눈물로 기도하면서 해야 하는 사역이 영적 사역이다. 사역하는 목회자가 이렇게 거짓되고 위선 속에 있다면 성도들이 모두 병들게 된다. 그러므로 근신하여 깨어서 이 사역을 감당해야 한다. 영이 깨어 있는 성도는 모든 것을 견딜 수 있다. 내 안에 주님이 오셔서 싸워 주시고 이기게 하신다.

3) 자동차 충돌로 인한 교통사고

하나님이 시켜서 한일에는 영적 전투도 치열하다. 하나님이 시키신 일이 성공되면 하나님께 영광을 돌리기 때문이다. 정말 너무나 낙후된 건물은 감당하기 어렵고 아니면 많은 돈을 드려야 하는 곳인데 하나님은 나에게 다섯 번이나 이 사람 저 사람을 통하여 같은 건물이 소개되었다. 처음에는 많은 고생을 하여야 하고 쉬운 일이 아니라는 것을 알고 나도 거부했지만 반복적으로 이 건물이 연결되는 것은 하나님의 인도하심이 아닐까 생각하고 주님께 물을 때 최종으로 네가 하면 된다는 마음을 주셨다.

내가 펜션을 하는 것이 물론 죽을힘을 다하면 할 수 있겠지만, 하나님께 무슨 큰 영광이 되겠는가 하는 생각이 들면서 내키지 않았다. 그러나 반복으로 연결되는 그 인도함 속에 하나님이 꼭 원하시면 하겠습니다. 제주에 와서 인테리어 일도 했었으니 하면 되지만 집이 한 채가 아니고 20채를 대공사인데 몇 달에 걸쳐서 하면 되겠지 생각하고 결단하고 하나님의 인도함 속에 이제 모든 것을 맡아서 공사하는 기간을 3개월로 계산하였다. 하지만 수리 기간이 5개월이 걸렸다. 항상 예상외 문제가 발생하기도 하였고 많이 노후 된 건물의 방수 문제가 생각보다 심각하고 곳곳에 누수로 인해 사용 불가능한 곳이 많았다.

어째 든 시간이 지나고 끝임 없이 계속하다 보면 끝은 보이기 마련인데 집 마당만 쓰는데도 3일이나 걸리는 곳이다 큰 집이라는 것 이렇게 한 가지 일 가지고도 몇 날이 걸리면서 마무리 단계인 도배 공사를 하게 되었다. 도배사들을 배치해서 일하고 나는 마지막 필요한 것들을 챙겨서 좀 늦은 시간 10시쯤 장전 초등학교 근처 사거리를 지나는데 여기 길은 반듯한 사거리가 아니라 왼쪽 끝이 집 모퉁이에 가려서 잘 보이지 않는 그런 사거리였다.

오른쪽 보고 왼쪽을 보면서 30km 정도의 속도로 오는데 마을버스가 오면서 내가 운전한 봉고 트럭 운전석 문기둥 모서리가 마을버스 운전석과 부딪치는 충돌 사고를 당했다. 순식간에 강화 유리가 산산이 깨지면서 나의 머리부터 속옷까지 유리를 뒤집어쓰고 나의 운전석 부분이 모두 찌그러들었다.

"아이고, 운전을 똑바로 보고 하지." 다른 곳을 보느라 제대로 못 본 것 같다. 달리는 상태의 사고는 아니지만 일단 차가 충돌하니 자동차의 무게에 의해서 내 차는 트럭인데도 앞 유리 전체와 운전석 문 유리 전체가 동시에 깨진 것이다.

그리고 차는 운전석까지 밀려 들어와 문이 열리지 않아서 조수석으로 내리면서 나오는데 경찰이 오고 119 차가 오고 사방에서 사람들까지 몰려들면서 나보고 나올 수 있느냐고 다친 곳이 없느냐고 묻는데 아무 곳도 다친 곳은 없는 것 같고 온몸은 유리로 뒤집어쓰고 있었다.

그날 나는 도배 일꾼을 불러서 일하려고 기다리고 있기에 차에 실려 있는 풀칠한 벽지를 전달해 주어야 했다. 나는 남편에게 전화해서 빨리 차를 가지고 내려오세요. 차에 실려 있는 벽지 도배 재료를 전달해 주어야 합니다. 안 그러면 풀칠해 온 벽지 종이를 못 쓰게 되고 일품으로 구해온 도배사 인건비 등 문제가 많았다. 위급 상황이지만 먼저 해야 할 일과 나중 할 일이 정리해야 더 큰 문제가 생기지 않는다. 위급한 일이 생길수록 더 침착하게 하던 것은 어려서 때부터 훈련이 된 것 같다. 그리고 구급차를 타고 시내 S 중앙병원으로 갔다. 응급실에서 아픈 곳이 없느냐 없다고 하니 몸에 붙어 있는 유리 조각을 떼 내고 소독약으로 닦아 주면서 외상도 없고 아픈 곳이 없다면 퇴원하라고 해서 현장으로 돌아와서 그날 저녁 마무리 일은 했다.

사람들은 모두 놀라면서 말했다. 차는 폐차가 될 수도 있다고 정비 공업사에는 견적이 안 나온다고 하였다.

이렇게 영력 전투를 치르고 생명을 깊숙이 감싸 주면서 머리털 하나도 상하지 않게 보호하신다는 말씀이 나에게 이루어졌다.

우리는 더 열심히 부르짖고 기도하고 이곳에서의 하나님이 하실 일은 무엇인지 그 당시에는 몰랐는데 나중에 알게 되었다. 하나님의 은혜로 그곳에서 남편 장로님에게 청년 때 주셨던 비전이 비즈니스 선교에 소명 받았던 순간을 일깨워 주셨다.

이 계기는 펜션에 오신 분들의 워크숍을 함께 참석하게 되었다. 한국 CBMC 기독 실업인들의 모임이었다. 코로나기간 동안 하나님의 특별한 은혜와 인도 속에 더 좋은 창업 아이템과 아이디어의 지혜를 받고 하나님이 각자의 삶 속에 인도하신 이야기를 나누는 동안 우리는 모두 시간 가는 줄 모르고 한 사람 한 사람 삶 속에서 친히 인도하심을 보여 주신 것들을 나누는데 밤 12시 가 넘는 시간까지 피곤도 모르고 은혜의 강물이 흘러넘쳤다. 그리고 주님은 주무시지 아니하시고 쉬지도 아니하시고 계속해서 이 사람 저 사람은 훈련하시면서 참으로 "많은 일을 코로나 기간에도 하셨구나!"

그래서 저희 남편 장로님도 "첫사랑 때 은혜 받은 것을 회상하면서 앞으로 10년을 주님 명령대로 살아 보리라!" 다짐하고 결단하게 된 것이다.

펜션 하면서 고생도 많이 하였고 영적 전투가 치열하였지만 처음 찾아오셔서 말씀하셨던 그 은혜의 시간대로 돌아가서 처음 마음으로 다시 순종하고 복종하리라. 결단하고 다짐하였다.

정말 처음 보는 사람이 밥을 같이 먹으면 친해진다고 하는데 잠까지 같이 하루 이틀을 지내면서 "속담에 하루 밤사이 만리장성을 쌓는다."고 우리 믿음의 사람들은 더욱 가까워지면서 하나님이 각자 안에 주신 소명과 비전을 나누고 연합하니 이 얼마나 기쁜가! 그러니 원수가 그것을 미리 알고 방해하고 훼방하고 넘어트리고 실추시키는 일은 하는 것이다.

많은 사람이 연합되면서 서로 연결되고 끈이 되고 하니 우리 믿는 사람들이 보이면 원수 마귀 쪽에서는 큰일 나는 것이다. 그래서 할 수만 있으면 이간시키고 다투게 해서 분열시키는 것이다. 모이면 안 되니까 그런데 펜션은 숙박하고 모이고 기도하는 장소이니 하나님은 나의 지경을 넓히고 많은 사람을 만나게 하시면서 배우고 또 연합하는 가운데 연극무대의 감독처럼 좋은 달란트와 은사를 가지신 분들에게 서로 연결하면서 자동차 부품이 각 곳의 다른 공장에서 만들어지나 이것을 결합 하면 엄청난 힘과 산업의 도움이 되듯이 주의 나라에서도 준비된 종들의 연합은 엄청난 힘과 능력이 되는 것이다. 이 모든 것을 보게 하시고 알게 하셔서 세계 선교현장에서도 달란트를 가진 분들을 적재적소에서 하나님이 맡겨 주신 일은 감당할 때 우리의 예상 밖에서 하나님이 하시는 일들을 보게 하신다.

하나님이 함께하심

이사야 60:1~7

1. 일어나라 빛을 발하라 이는 네 빛이 이르렀고 여호와의 영광이 네 위에 임하였음이니라.

2. 보라. 어둠이 땅을 덮을 것이며 캄캄함이 만민을 가리려니와 오직 여호와께서 네 위에 임하실 것이며 그의 영광이 네 위에 나타나리니

3. 나라들은 네 빛으로, 왕들은 비치는 네 광명으로 나아오리라.

4. 네 눈을 들어 사방을 보라 무리가 다 모여 네게로 오느니라. 네 아들들은 먼 곳에서 오겠고 네 딸들은 안기어 올 것이라.

5. 그때에 네가 보고 기쁜 빛을 내며 네 마음이 놀라고 또 화창하리니 이는 바다의 부가 네게로 돌아오며 이방 나라들의 재물이 네게로 옴이라.

6. 허다한 낙타, 미디안과 에바의 어린 낙타가 네 가운데에 가득할 것이며 스바 사람들은 다 금과 유향을 가지고 와서 여호와의 찬송을 전파할 것이며

7. 게달의 양 무리는 다 네게로 모일 것이요 느바욧의 숫양은 네게 공급되고 내 제단에 올라 기꺼이 받음이 되리니 내가 내 영광의 집을 영화롭게 하리라.

1) 보라 내가 새 일을 행하리라

"보라. 내가 새 일을 행하리라." 이 말씀을 주시면서 지나온 길을 돌아보거나 미련 없이 말씀에 이끌려 주님 말씀만 따라와야 한다고 하셨다. 새로운 세계, 새로운 길이 있을 것에 대한 강한 메시지의 말씀을 주시면서 말씀으로는 새로운 세계가 올 것이라 말씀하지만 나에겐 어떤 계획도 방향도 없는 상황이 되었다. 어느 목사님께서 기도해 주셨는데 목사님은 바다가 보이는 곳으로 갈 것이다. 한국말 하는 곳입니다. 이런 예언을 받게 되었다. 내가 사역하는 곳은 한국어를 사용하는 한인들이 내 사역인가?' 하는 마음을 가지고 해외 선교를 준비하였었다.

예전에는 학력이 안 되어서 못했고 이제는 나이가 많아서 안 된다는 것이다. 한국에 미용학교를 세우시겠다는 목사님이 미용학교를 세우시겠다고 하다가 정수기 사업하시는 어느 선교사님이 3개월이면 충분히 선교비도 되고 선교신학교도 살린다고 하시면서 그 돈을 3개월만 사용하자고 하시면서 사용했지만 모든 것이 사라져 버렸다. 나는 이 사건을 통하여 응답을 받아도 끝까지 잘 지키고 마지막까지 기도로 깨어 있어야지 마귀는 기회만 있으면 무산시키고 방해한다는 것을 알 수 있다.

그 후 나는 한국에서 미용학교 설립을 하려던 것을 할 수 없게 되었다. 이제 미국에서 오신 목사님은 그럼 중국에 기술학교를 설립하니 중국으로 가자는 것이다. 그래서 그렇게 하겠다고 준비를 하고 선교사 임명장을 받고 대기 상태로 있었는데 하나님의 방법을 우리가 다 알 수 없었다.

어느 예언의 은사가 있는 목사님이 기도해 주시기를 바다가 보이는 곳 한국말을 하는 사람들에게 갈 것이라고 전혀 내가 생각한 것과는 다르게 하나님의 마음을 알려주셨다.

예언 기도를 해 주시는 분이 "한국말을 하는 곳에서 복음을 전하게 될 것"이고. "네 것을 빼앗기지 말고 쟁취하라", "정복하고 다스리라"고 하는 말은 참 이상한 예언이라고 목사님에게 이런 예언이 나오는 것은 처음이라고 항상 양보하고 주는 것이 어려서부터 양보하고 주고 빼앗기는 것 등 자라온 환경에서 내 생각을 주장하지 못했던 나의 모습, 또 나의 권리와 주권을 주장 못 하는 이런 성품의 본성을 바꾸시는 하나님의 계획이 있었던 것이다. 그래서 미용학교를 정리하면서 인천 쪽에서 살게 하시려나 생각하고 있었는데 갑자기 제주에서 사역지가 있으니 내려오라는 통보를 받고 1주일 만에 제주에 오게 되었다. 제주에 내려와 보니, 제주에서 사역을 같이하자고 한 목사님의 말이 이행이 안 되었다 한 달 반 만에 모든 것이 계획도 방향도 없는 상황이 되었다. 정말 나는 아무 생각도 없이 제주에 와서 사역이 시작되었는데 처음 6개월은 '이곳에서 살아야 하나?' 생각하는데 몸은 와 있었지만, 마음이 오지 않았다.

하나님은 다시 '시편 18편' 말씀을 주셨다.

지금까지 한 번도 하나님을 원망하거나 주일을 어기거나 벗어난 적 없이 열심히 달려왔는데, 처음으로 "하나님이 나의 방패 시며 피난처라고 하셨는데 어디가 피난처이시며, 방패이신 가요…. 이렇게 난감한 상황에 놓였는데 감사하고 기뻐하라고요?" 하나님께 반문하듯이 기도를 했다.

일단 어떻게 하든 살아내야 하는데 어디에서 살 것인가. 시내에서 살자니 서울 같은 느낌이지만 지금 내가 좀 더 편안한 것이 문제가 아니었다. 단돈 이십만 원이라도 저축을 해야지 목사라고 사람들이 주는 것을 받을 수만 없다고 생각했다. 제주에서 삼백만 원만 있으면 내가 누워서 자는 잠자리 빼고 마루에라도 교회 십자가를 놓고 기도하겠다고 생각하고 삼백만 원 모으는 것이 1차 목표였다. 6개월 하면 가능할 것 같아 투잡, 쓰리잡으로 일했다.

아침 5시에 시작한 일을 새벽 1시까지 하면서 3곳을 택하여 일하게 되었고 우리는 다른 사람에게 피해 주지 않고 살 수 있는 장소를 구 제주에 보증금 백만 원에 월세 이십만 원 가게가 달린 집을 선택하기로 했다.

왜냐하면, 가게라는 곳은 하나님이 도우시면 기본 급여 외에 가게를 할 수도 있기 때문에 동네에 6년이나 비어 있던 허름한 가게를 빌려서 올 수리를 하니 온 동네가 훤해졌다고 동네 사람들이 지나가면서 한마디씩 칭찬을 해 주었다.

남편이 페인트 가게를 해 보겠다고 했다. 내 생각엔 페인트 가게만 해서 어떻게 살겠는가. 한 번 칠해 달라고 하면 시공하는 방법을 알아야 하는데 그래서 한 달 동안 페인트 시공회사의 기술자 밑에서 보조 일을 하면서 시공기술을 배웠다.

페인트 보조 조공을 하며 페인트가 예쁘게 잘 칠 한 것만 보았을 때는 어떻게 해야 저렇게 예쁘게 되는 것인지 몰랐다. 하지만 배운 방법으로 원칙대로 해 보니 정말 멋지게 시공되는 것을 알게 되었다.

이것을 보고 사람들이 실내 페인트를 섬세하게 하는 작업과 곰팡이 없애는 페인트 등 고객들의 주문이 들어오게 되었다

사업을 하기 위해 광고를 하는데 수입의 삼분의 일 이상은 광고비로 쓰고 나머지는 점점 누적되고 처음보다 고객이 점점 많아지고 고객들로부터 신뢰를 받게 되고 또한 고객들의 소개에 소개로 많은 일들은 하면서 기술은 더욱 향상 되어서 처음 페인트에 이어 도배 수장 공사 집수리

나중에는 종합 인테리어 건축까지 하게 되었다.

나도 공사를 따로 하고 남편도 따로 하게 되고 고객이 점점 많아져서 어떤 날은 20~30명의 기술자들이 이곳, 저곳에서 일하는 단계까지 확장되었다. 이렇게 제주에서 10년이란 세월을 지나면서 조금씩 자리를 잡게 하시면서 확실한 정착을 하나님이 하게 하셨다. 저는 교회를 세우게 하시고 노후 준비까지 모두 하시게 하면서 하나님은 나의 때를 기다리라고 세 번의 응답을 받는 동안 10년이란 시간이 지나게 되었다.

2) 인테리어 건축 사업에 함께하심

우리는 한 번도 안 해 본 일인데 어떻게 그 일을 잘 감당할 수 있었을까. 하지만 서쪽에서 일하면 주님이 그때마다 도와주셔서 감당하게 하시고 고객들로부터 신뢰도 받게 하시고 많은 기술자 들을 그때그때 붙여주셨고 고객으로부터 새 계약을 하게 하는 것도 지금 공사하고 있는 근처의 지역에서 새 공사계약이 이루어지게 하신다. 일을 할 때마다 기도하면 일군들을 만나게 하시고 해결해 주시니 때마다 시마다 하나님이 함께 하셨다.

주변에서 보는 사람들도 정말 하나님이 도우시는 게 보인다며 이구동성으로 이야기한다. 항상 주변 사람들은 이렇게 말하면서 하나님을 드러내게 하셨다.

나는 몇 년이 지나면서 하나님께 "이제 본격적으로 사역을 해야 되지 않을까?" 기도하면 "기다려라." 또 몇 년 일하다가 기도하면 "기다려라." 하시는데 "왜 그렇게 앞서서 일을 하려 하느냐."는 말씀을 듣고 또 기다리고 이렇게 세 번이나 지나고 나니 10년이란 세월이 지나가게 되었다.

하나님이 도와주셔서 우리는 '흔들어 눌러 넘치도록 너희에게 안겨 주리라.' 하신 말씀처럼 하나님은 많은 일을 우리 회사로 몰아주시는 것을 느끼고 일하러 아침에 나갈 때 우리 생각에는 그것은 일과 관계가 없는 것 같아서 안 가져가면 꼭 그것이 필요한 것이었다. 우리는 하나님이 필요한 것을 알려 주시는 것이라는 것을 깨달으면서 다음부터는 그것을 무조건 차에 싣고 가면 반드시 현장에서 필요하게 된다는 것을 깨닫게 되었다.

그래서 늘 하나님이 도와주시는 것과 앞서서 인도하시는 것을 느꼈다.

3) 유명호텔 수장 공사에 함께하심

우리가 인테리어 도배 수장 공사를 할 때 있었던 일을 생각하면서 얼마나 많은 일마다 사건마다 주님이 함께하시며 도와주셨는지 뒤를 돌아보면 감사밖에 드릴 것이 없다. 대공사였다. 매일 기술자 인원이 20명이 투입되어 제주에서 유명한 호텔공사를 20일간 공사를 한 적이 있다.

보통 일반 가정집 도배를 하면 왠 만한 큰집이라도 세 사람이 이틀이면 다 한다. 그런데 이렇게 많은 인원이 20일간 일했다는 것은 보통 큰 공사가 아니다.

이런 공사는 신축 아파트를 지어 놓고 도배사가 아파트 단지 공사할 때나 맡아서 하는 공사인데 우리에게 이런 공사를 하게 되었다.

한편으로 겁도 났지만 우리는 항상 무엇이든 기도하고 환경이 열리면 하나님이 도와주시는 것으로 싸인 받고 진행해 간다. 그 전에 천주교 연수원을 열 몇 동의 공사를 한 실적이 있기는 하였다. 그것도 무척 큰 공사인데 이번 호텔공사는 더 섬세하고 정확하게 정말 잘해야 하는 공사이기 때문에 더 어려운 공사이다.

특히 하나님이 도우셨던 것은 당시 제주지역에 태풍이 왔다. 그러면 도배 공사가 중단된다. 우리는 공기 일이 있어서 그 날짜까지는 해야 하는데 그래서 구하기 힘든 도배사 20여 명이 집결하게 되어 이렇게 20여 일간이나 공사를 할 수 있게 하나님이 도우셨다. 태풍이 온다고 하였는데 태풍은 오지 않았지만 일기는 좋지 않은 상황이지만 비도 오지 않았다. 이 모두가 하나님이 함께해 주신 것이다.

우리는 여러 가지 일을 하면서도 뒤돌아보면 공사 현장에서 늘 어려운 문제들이 일어났다. 그때마다 하나님이 함께하시고 천사를 보내 주셔서 도와주시고 정말 우리가 한 것이 아니라 주님이 함께하셨다고 모두 고백하게 되었다.

한 호실 룸마다 한지 민속장판을 시공하는데 우리는 수동으로 하려고 여섯 명 사람을 배치하였다. 그런데 이것이 수동으로 해서 될 것이 아닌 너무나 손이 많이 가고 작업 공정이 네 번을 해야 1차 단계의 작업이 끝나고 그다음 붙여지고 완성되기까지 너무나 많은 공정을 거쳐야 하는데 때마침 구경 온 경험이 있는 전문가인 사람이 기계를 가지고 처리하는 방법을 가르쳐 주었다. 만약 이 공사에 주님이 함께하고 도와주지 않았다면 공기도 못 맞추게 되고 일천만 원 이상 손실을 보게 되었을 것이다.

하지만 이렇게 위급한 순간에 주님의 도우심으로 손해 보지 않고 해결할 수 있게 하셨고 또 위기 순간이 생겨서 문제도 있었지만 그것 또한 주님이 도와주셔서 잘 감당할 수 있게 하셨다. 묵은 벽지 철거 작업에서 벽지가 갈대 줄기 모양의 벽지인데 너무 낡아서 잘 뜯어지지 않는 소재 벽지인 것을 뜯으면서 알게 된 것이다. 품값이 오백만 원 이상 손실이 났다. 아무리 빨리 철거해 보려고 해도 다른 방법이 없었다.

수동으로 풀칠하려던 한지 장판을 자동으로 처리하면서 벽지철거 인건비 손실을 만회하게 되었다.

큰 공사는 많은 돈을 벌수도 있지만 이런 난제가 생기면 오히려 손해 보고 적자가 나는 경우가 많다. 바로 내가 이런 공사를 하면서 철저히 경험하게 되었다 큰 공사는 견적을 낼 때 잘 내야지 아니면 큰 손실이 나는 것이다. 이것은 경험이 많은 사람들이 하는 것이고 그렇다고 견적이 너무 높으면 경쟁 업체로부터 떨어지기 때문에 잘 내야 하는 것이다. 벽지

철거 과정에서 이런 일이 일어나는 것을 그 누군들 알겠는가? 견적 내기 전에 잘 파악해서 하는 것이다 누구도 이렇게 될 줄을 모른다. 공사 전에 어 볼 수도 없고 어떤 벽지가 이렇게 아무도 모르고 만든 사람도 모른다. 벽지가 10년 이상 지나면서 이런 상황이 된 것이다.

하나님은 나에게 젊은이들 다음 세대들에게 영성을 말하면서 여러분들이 하는 직업에서 하나님을 그 모든 분야의 최고의 전문가요 여러분들이 탁월하다고 해도 하나님은 더 탁월한 분이시고 MZ 세대 대단하다고 합니다. 알파 세대는 더 대단하다고 합니다. 하지만 하나님은 더, 더, 대단하시며 모든 결과에 대하여도 다 아십니다. 이런 하나님을 만나게 한다면 이들이 아버지의 나라의 마지막 주자들이 아닐까 생각합니다. 나는 이 젊은 세대들이 나의 생활 속에 현재형으로 받는 방법만 가르쳐 준다면 젊은 세대, 다음 세대들이 너무 기뻐하며 올 것입니다.

나에게 주님이 주신 사명 중에 다음 세대를 깨우는 사명도 말씀하셨는데 이 일은 언제쯤 하게 될지 아직은 모른다.

지금 자비량 사역자도 "세상에 천한 것들과 멸시받는 것들과 없는 것들을 택하사 있는 것들을 폐하려 하시나니." 약한 자 멸시받는 자들에게 예수 그리스도와 접붙임 해서 예수님의 능력을 힘 있고 용기와 도전을 받아 약한 자를 택하여 강하게 하시는 주님께 붙들린 사람들이 이 일을 감당하게 되는 것입니다.

능력이라 하면 교회에서 병 고치는 능력, 예언하는 능력을 많이들 생각하시는데 저에게 주님이 주신 은사는 일터에서 직장에서 부족한 자들이 겸손히 주님께 의지하며 받게 되는 은사와 능력을 말씀하는 것이다.

바로 저 자신이 이렇게 하나님의 능력을 힘입어서 사회에서 직접 경험하고 체험하게 하셔서 자신감도 찾고 나의 모든 것들이 회복되고 말씀이 이루어지는 것을 체험했기 때문에 자신 있게 말할 수 있는 것이다. 이 책을 쓰는 것도 이런 하나님의 성령님이 도우심은 받기 원하는 사람에게 도전을 주고 소망을 주기 위하여 책을 쓰게 되었다.

영성의 깨우침

갈라디아서 2:20

20. 내가 그리스도와 함께 십자가에 못 박혔나니 그런즉 이제는 내가 사는 것이 아니요 오직 내 안에 그리스도께서 사시는 것이라 이제 내가 육체 가운데 사는 것은 나를 사랑하사 나를 위하여 자기 자신을 버리신 하나님의 아들을 믿는 믿음 안에서 사는 것이라.

디도서 2:14

14. 그가 우리를 대신하여 자신을 주심은 모든 불법에서 우리를 속량하시고 우리를 깨끗하게 하사 선한 일을 열심히 하는 자기 백성이 되게 하려 하심이라.

1) 나의 성품을 하나하나씩 변화시켜는 주시다

남의 말 하면서 대다수의 사람들이 짓는 죄가 판단 죄, 누명 씌우는 죄, 미워하는 살인죄 등 나의 모든 삶의 문제의 쇠사슬을 만들고 알고 짓는 죄, 모르고 짓는 죄, 추측 적인 죄 등 모든 것을 본인이 받게 된다는 것을 깨닫게 하셨다.

그리고 나는 다른 사람의 잘못을 마음속에 쌓아 두었다가 한꺼번에 터뜨리면서 더 큰 문제를 만든다는 것을 알게 하셨다. 상대는 그 당시 자신이 한 행동만 생각하고 나를 오히려 나쁜 사람으로 말한다는 것을 깨닫게 되었고 말을 조리 있게 잘못하는 나는 내가잘하고도 당하고 억울한 마음을 마음속에 담아 두면서 나의 인간관계는 항상 나빠지고 좋은 관계가 형성되지 못하는 것을 알게 되었다.

이것은 성격적으로 문제가 있는 부분인데 나는 모든 것을 참아서 다른 사람이 볼 때는 착한 사람, 좋은 사람이라고 말하지만 참은 것이 계속 마음속에 쌓이다가 어느 순간에 폭발물처럼 나타나면서 인간관계가 깨지는 현상이 된다는 것을 알게 하셨다.

나는 보는 행동으로는 별반 크게 나타나지 않았지만, 감정은 쌓아 두었다가 한꺼번에 그 어떤 반응으로든 드러나게 된다는 것이다.

차라리 다른 사람의 잘못을 그때그때 말하는 것이 더 낫다는 것을 알게 하셨다.

나쁜 것은 기억하지 않고 바로 흘려보내고 듣자마자 흘려버리는 것도 습관이 안 되니까 마음속에 생각도 행동도 바꾸기를 반복해서 연습해야 가능해진다.

한 몇 개월 정도 하니까 좀 가능해지고 다른 사람의 잘못을 그 사람의 처지에서 이해하는 습관을 계속했다. 이것도 어느 시점에서는 내가 너무 많이 이해해서 양보하다 보니 이것 또한 문제 되었다는 것을 깨닫게 되었다. 사단은 나의 마음의 약점을 가지고 내 환경을 치고 들어온다는 사실을 알게 되었고 이것 또한 주님의 지혜로 해결했던 적이 있다.

사람마다 자기 자신의 장단점이 있다. 성령의 도우심을 받아 다스리고 사용해야 함을 알게 되었다.

용서에 대하여, 어느 날 기억력이 좋은 나는 다른 사람의 잘못을 한 번 기억하면 잊어버리지 않는다는 것을 알게 되었고 그때 그 사람이 잘못한 것을 기억하면서 그 사람이 그 비슷한 문제가 생기면 추정하면서 미리 판단하는 죄를 저지르는 것이었다. '틀림없이 맞고 그럴 것이다.' 생각하고 행동했다. 하지만 내가 생각하고 추측한 것이 20%가 틀렸고. 내가 보고 생각한 것이 80%는 맞지만 20% 틀린 만큼에 대하여는 내가 죄를 범한다는 것을 알게 하셨다.

어쨌든 몇 퍼센트 일지라도 나로부터 발생한 죄는 내가 받아야 하고 그 죄의 값도 삼십 배, 육십 배, 백배로 나에게 돌아오는 것이다.

차라리 죄를 덜 짓는 방법은 내가 참지 말고 의견을 말하다 보면 내가 잘못 알고 있거나 내가 말하지 않음으로 상대방에게 죄를 짓게 만드는 20% 마저도 틀린 것을 알게 되니, 이 부분에서는 나는 죄를 짓지 않게 되는 것이다.

하지만 많은 사람 중에 특별히 성격이 왜곡되거나 동화가 안 되고 인간관계가 안 되고 무슨 문제이든 꼬이고 엉키는 사람들은 내가 말하는 부분을 곰곰이 생각해 보면 많은 이해가 될 것이다. 하나님은 반드시 죄의 값을 물으신다고 하셨고 죄의 값은 반드시 지급해야 한다.

죄 탓에 우리는 마귀의 노예가 되고 그들에게 팔린 것이나 마찬가지이다. 그러므로 죄의 값으로는 예수 그리스도의 피이고 우리가 진심으로 예수그리스도의 이름으로 회개하면 묻지 않으시고 용서하신다고 하셨다. 회개하지 않으면 나도 모르게 이렇게 많이 뿌려 놓은 것들로 인해 나의 삶의 문제를 꼬이게 하고 풀리지 않는 것이다.

나는 성령이 이것을 열어 주셔서 불편하거나 오해의 소지가 되는 것은 확인하는 것을 정해서 하기로 했다. 그래서 내 예상과 경험은 틀림없지만 내가 추측으로 틀림이 없다고 생각했던 부분들이 간혹 빗나간 부분이 드러나면서 함부로 내 생각대로 판단하면서 죄를 저지르고 있다는 것을 깨달았다.

왜 많은 사람이 자기 환경의 문제를 해결하고 싶지만, 해결 안 되고 벗어날 수 없는 것이 무엇인지 잘 모른다. 성경을 기준으로 살면 영안에 눈이 떠져서 다 보인다.

부부 문제, 자녀 문제, 사업문제 등의 모든 인간관계 문제가 모두 성경의 잣대로 정직, 진실, 회개, 예수님의 보혈 성경이 말씀하시는 성령의 열매로 사는지, 세상 기준으로 사는지, 등 믿음으로 말씀으로 살면 이 세상은 아름답고 행복하고 만사형통하고 하나님이 준비하신 모든 복을 누리고 살게끔 되어 있다. 이것을 행동으로 옮기고 실천하고 따라갈 때 하나님은 당신과 동행하면서 모두 자상하게 가르치실 것이다. 우리는 고아였다. 이제 아버지를 만나서 거룩한 왕자의 신분으로 되었기 때문에 왕자의 교육을 다시 받아야 한다. '거지 왕자' 이야기를 아실 것이다. 원래는 왕자였는데 신분이 바뀌어서 거지로 성장했지만 ,후에 자신의 신분을 찾았다. 하지만 그동안 거지로 살아서 밥 먹는 습관이나 누려야 할 모든 것들이 불편한 것 같고 괴롭게 느껴지지만, 왕자의 권세와 훗날 왕으로서의 권세를 모르기 때문에 그는 단지 살아왔던 습관이 편한데 왜 나를 불편하게 하는가? 라고 생각할 수 있다. 우리나라의 '철종' 왕이 이런 상황이었다.

우리는 사생자가 아니므로 징계하시고 훈련하신다고 하나님은 말씀하신다.

나는 이 성경을 외워서 되새김질하면서 이 말씀으로 여러 가지 환난이나 어려움은 나를 바로 세우기 위한 '하나님의 계획'이라고 생각하면서 어디든지 예수님 이끄시는 대로 오직 "아멘"만 하고 달려왔다. 그분이 하시는 모든 것이 다 옳다. 그분이 베푸신 모든 것도 다 이유가 있어서 베푸셨다. 그분은 나의 왕이시며 나의 주시며 나를 진정한 자녀 상속자로 세우시기를 간절히 원하신다는 것을 알게 하셨다. 나를 특별히 대학원에 입학시키시고 아주 비싼 특별 과외를 하나님이 친히 시키시면서 나를 자녀 만드시느라 오히려 하나님이 고생이 많으시다는 생각이 들어 어찌나 감사한지 '이 무슨 은혜인가, 이 무슨 축복인가? 이렇게 지난날을 되새겨 보았다.

2) 나에게 비전을 주시면 실력을 갖추어야 한다

얼마나 열심히 기도하면서 성전만 주시면 좋겠다는 생각을 하면서 여기저기 건물을 보면서 '이러 이러한 건물만 있다면 주의 일을 잘 감당할 수 있는데.' 이런 생각을 했던 시간을 떠올려 보았다.

하나님을 보여 주어야겠다고 생각했다. 하나님이 계시다고 하면서 세상 것을 모두 내려놓고 가는데 현실은 아들에게 천 원짜리 우유 하나 사 먹일 수 없는 어려운 환경이었다. 고기는 전혀 먹을 수 없었다. "하나님 고기 먹은 지가 6개월도 더 된 것 같은데 엄마도 영양실조, 아들도 영양실조 걸리겠어요."

자녀들을 돌보아 주신다는 하나님께 기도하고 아침에 묵상하는데 출애굽기의 이스라엘 백성이 원망과 불평을 할 때, 하나님의 대답은 너희 입에서 누린내가 나도록 고기를 먹게 될 것이라고 하셨다. 고기를 질리도록 먹게 해 주시겠다는 하나님 말씀이었다. 이스라엘 백성이 광야 어디에서 그런 고기를 먹을 수 있겠느냐고 하니, 하나님이 메추라기 떼를 보내셔서 날마다 구워 먹고, 삶아 먹고, 조려 먹어도 계속 먹게 되어 누린내가 나서 오히려 이제는 채소가 먹고 싶다는 생각이 나기 시작하였다.

그때의 광야를 걷고 있던 이스라엘 사람들처럼 나는 이 말씀을 묵상하면서 "지금까지 고기 먹은 지 6개월도 더 되었는데, 나도 어머니도 감사하라고 하신 하나님. 어떻게 합니까?" 이렇게 기도를 드렸다. 그런데 누가 닭발이라도 사서 고아 먹으라고 해서 닭발을 사야겠다고 생각하고 나갔는데 가락시장에서 채소로 주민을 섬기시는 목사님을 만나게 되었다.

'나눔 사역'을 하시는 목사님께서 돼지 갈비뼈를 한 짝 가져오셨다. 그때부터 정말 누린내가 나도록 고기를 먹게 되었다. 시장에 나눔 목사님을 통해 좋은 고기는 아니었지만, 돼지고기를 짝으로 주니 그것을 더는 먹기 싫을 정도로 먹게 하셨다.

하나님께 큰 비전을 갖고 성전을 놓고 간절히 기도하는데 어떤 평신도 성도가 와서 일 억짜리 기도를 하라고 말했다. 그래서 정말 목숨을 다해 기도할 때 그해 11월경, 하나님이 60평 공간에 교회와 집을 주셨다. 아들에게 하나님이 하신 것을 증거로 보여 주는 기회가 되었다.

전혀 생각지 않은 사람을 통하여 정말 넓은 집에 살게 되었다. 그러나 사람들은 가지기 전에는 갖기를 소망하지만, 막상 현실이 되면 '주어도 못 쓴다.'는 말이 있다.

가난하고 어려운 사람에게 유지비가 많이 드는 자동차를 주면 그 사람은 그것을 유지할 수가 없다. 우리도 60평 큰 집에서 당장 유지비만 삼백만 원이 한 달에 백만 원 가지고 겨우 살던 사람이 삼백만 원을 어찌 감당할 수 있단 말인가. 우리는 과연 내가 기도한 것이 현실로 되었을 때 정말 잘 감당할 수 있는 능력이 되어 있어야 한다는 것을 뼈저리게 느꼈다. 우리는 감당하지 못하면서 욕심으로 구할 때도 많다. 나는 언제나 성경에 나오는 은사도 중요하지만, 우리 그리스도인 중에 사회 구성원으로서 사회에서 지혜롭게 그 모든 능력을 감당할 수 있는 현실적인 실력을 키우라고 하나님은 늘 깨우침을 주셨다. 그래서 나는 항상 비전을 주시면 실력을 갖추려고 노력한다. 우리가 그 대가를 지불 하지 않고 얻으려고 하는 것은 과욕에 불과한 것이다.

3) 마귀의 유혹은 목회자를 통하여도 올 수 있다

사단의 계략은 언제든지 틈을 탈 수 있다는 것을 나중에서야 알게 되었다. 기도 중에 미국에서 오신 목사님이 내 사역에 도와주시려고 오천만 원을 투자해 주시기로 하셨다.

이제 모든 것이 해결되었다고 생각하고 기쁨으로 일을 준비하고 있을 때 어느 때에 선교를 같이하셨던 가까운 목사님이 찾아오셨다.

나와 어느 때 선교를 같이한 목사님에게 나를 도우러 미국에서 오신 목사님이라고 소개해 드렸다. 서로 선교의 비전을 가지고 나누다 보니 미국에서 오신 선교사님과 만나 마음이 일치하여 이야기를 나누는 중에 나의 사역을 돕기로 한 기금을 선교지에 계신 선교사를 돕는데 정수기 사업자금으로 3개월만 운용하시고 그 다음에 이 목사의 사역을 돕자고 하였다. 이것은 마귀의 유혹이었다.

그때는 그것이 더 좋은 일이라 생각했다. 그 목자님 사역은 물 정수기 사업인데 오천만 원 투자하면 반드시 3개월 안에 그 돈을 다시 돌려주겠다고 이 목사님 사역을 돕겠다고 하면서 그분들이 가져다 썼는데 그 돈은 없어지고 나의 사역을 돕기로 한 모든 것이 처음 어렵던 상황으로 다시 돌아갔다. 여기서 실수한 것이 마지막 이루어지기 전까지는 누구에게도 말하지 말고 끝까지 기도 응답이 이루기까지 지켜야 했는데 믿음 좋으신 목사님이라고 말한 것이 사단이 틈을 타게 된 것이다.

느헤미야처럼 한 시라도 틈을 주면 사역의 결실이 방해된다는 것을 절실히 깨달았다.

이렇게 세밀하게 기록하는 것은 영적 세계에서 일어나는 비밀이 사람의 꾀와 술수를 알아차리고 영적 승리를 바라는 마음에 내가 경험했던 것을 자세하게 기술하는 것이다.

목사님이라도 '받은 자' 외에는 알 사람이 없으므로 반드시 받은 내가 잘 지키고 이루어 해야 한다.

4) 인테리어 건축 사업을 하면서

우리는 항상 처음에 긴장하고 떨리는 마음으로 일한다. 그래서 사람들은 처음 영업을 시작할 때 가게를 처음처럼 하겠다는 마음으로 이런 액자를 걸어 놓은 것을 보았다.

하나님 앞에 아무것도 모를 때 떨리는 마음으로 긴장하고 두려워하면서 임하였는데 무엇인가 조금 알게 되면서 자신이 할 수 있다는 생각을 하게 된다.

처음 주님을 의지하면서 하는 일이 더 영적인 일인 경우가 많다. 긴장하면서 주님의 도우심 받고 겸손하게 나갈 수 있다. 아무것도 모르니 매번 기도하게 되고 인테리어 일할 때도 우리는 모두 모르기 때문에 주님께 더 많이 기도하고 더 하나님의 도움을 받아야 했다.

또 까다로운 고객을 통하여 기술을 배우고 새로운 것을 알아간다. 그러므로 고객이 까다롭고 힘들게 한다고 생각하지 말고 고객의 요구를 들어주다 보면, 다른 사람들이 알지 못하는 것을 가져오고 배우게 되었다. 미용실을 할 때도 제일 잘하는 미용실로 소문나고 멀리서 점점 단골이 많아지는 것도 이런 손님을 진심으로 돕고자 하는 마음에 하는 것마다 잘되게 된 것이다.

인테리어도 새로운 소재와 감각으로 고객들을 통하여 배우게 되었다. 고객은 친절한 사장님이라며 좋아했고 우리는 그 고객을 통하여 배운 것을 다른 고객에게 조언으로 안내해 주면 고객이 좋아하면서 우리 회사는 소문난 회사가 된 것이다.

내가 귀찮고 힘들어도 고객이 만족할 때까지 일하다 보면 추가로 시키는 일들이 생겨서 비용이 더 많이 소요된다. 그러므로 처음부터 인건비 견적을 더 넣고 그 모든 일에 친절하게 배려해서 일하면 고객도 기분 좋고 회사도 충분한 서비스를 하게 되는 것이다. 다른 사람들 하는 것을 보면서 배우게 된 것이다. 모든 직업을 가진 사람들은 자신이 소요되는 시간만큼 투자해서 배운 지식 비례 견적이 되는 것이다. 내가 10년이 걸려 고객을 만족하게 하는 실력이 되면 십 년 투자 인건비 계산해서 청구하는 것이 가격을 정하게 되는 것이다.

내가 미용 기술을 쉽고 빠르게 가르쳐 주니 그 가치와 고생의 수고가 없었기 때문에 사람들은 그런 것을 가르쳐도 잘 느끼지 못한다. 계산할 때 나의 노하우 10년을 플러스해서 생각하라는 것이다. 그러므로 자부심과 담대함을 가지고 모든 일을 감당해야 한다. 그래서 사람들에게 말하길 "30년 배운 것을 내가 가르쳤으니 3년 경력이라 생각하고 자신 있게 일하자." 자신 있게 일을 할 때 손님이 더 믿고 맡기는 것이다.

하나님은 우리에게 항상 '담대하라. 두려워하지 말라.'고 하신다. '사람을 두려워하지 말라.'고 하신다. 그런데 자신감이 없으니 두려운 생각이 들고 걱정하는 생각이 든다.

그러나 하나님 말씀을 의지하여 강하고 담대하고 자신 있게 온 정성을 노력 하고 나아가면 내가 상대를 제압하고 상대는 내 페이스로 따라오는 것이다

5) 하나님의 말씀을 따라 창조된 믿음

예수님이 바다를 향하여 말씀으로 명하시니 파도가 잠잠해지고 병든 자들을 고치며 "네 믿음대로 될지어다." 하시면서 말씀으로 세상을 다스리시고 '내가 한 일 너희도 할 것이고 나보다 큰일도 할 것'이라고 말씀하시면서 우리를 깨우쳐 주셨다.

어느 때 식물인간 상태에 있는 사람에게도 복음을 전했다. 사람이 식물인간 상태에 있으면 못 듣는다고 생각하는데 영은 듣는다는 말을 들었다. 또 실질적으로 몸이 움직일 힘이 없고 손가락 하나 움직이지 못하고 입으로 말할 수 없어도 가장 마지막까지 있는 기능 중에 '청각 기능'이 있다는 말을 들었다. 그래서 아무 반응이 없지만, 그 영에 말한다고 생각하고 복음을 전하니 몸에서 반응이 일어난 적이 종종 있었다. 병원에 10년째 누워있는 식물인간 상태의 자녀들은 매월 병원비가 백만 원 이상 나오니 자녀도 지쳤다.

이 돈은 20년 전 한 달 월급이었다. 자녀도 10년이 넘으니까 이제 지칠 대로 지치고 본인 자신도 의식이 있다면 얼마나 힘들까 하는 마음에 복음을 전하고 표정을 보니 아무 반응은 없지만 얼굴빛이 어두워지고 미간이 찌푸린 표정 같았다.

그래서 다음번에는 예수님을 받아들이고 천국에 가시는 것이 행복한 것이라고 말하면서 복음을 전했다. 이렇게 움직이지 못하면서 병원에 누워만 있으면 자식들을 고생시키는 것이고 이것은 모두가 힘든 일이라고 예수님께 회개하고 영혼을 받아 달라고 알려 주고 기도해 드리니 평안한 얼굴빛을 보이더니 20일이 지나 돌아가시게 되었다.

한번은 교회 다니던 여학생이 갑자기 식물인간이 되어 중환자실에 있다고 말했다. 신학생이 나에게 기도 좀 해달라는 것이다. 도저히 시간이 없어서 갈 수 없으니 그 여학생의 귀에 대고 회개기도 시키고 간절히 기도하라고 말했다. 본인이 받아드리면 기적이 일어날 것이라고 그대로 가르쳐 주었더니 그렇게 기도하여 그 학생도 20여일 지나서 깨어나고 미용실 원장이 우리 목사님보다 낫다는 말까지 들은 적이 있었다.

하나님은 살아 계시고 역사하신다. 받아들이는 사람에게는 불가능 없이 일하시는 하나님을 보게 되는 것이다. 우리의 생각에 그 사람이 아무 것도 모를 것이라고 생각 하지만, 의외로 귀는 살아 있다고 말한 그 말을 듣고 그가 하나님께 간절히 기도한 것 같다. 전혀 가망 없다던 환자가 회복되면서 좋아지니 우연이라고 말할 수 없었다.

어떤 청년이 자원봉사를 한다고 요양원에서 봉사하게 되었는데 깜짝 놀라는 사건이 있었다. 당연히 할머니 할아버지들이라고 생각하고 병실에 들어갔는데 너무나 예쁜 학생이 누워있었고 전혀 의식이 없는 식물인간 상태였다. 이 청년은 젊은 학생이 너무나 불쌍해서 1주일에 한 번씩 방문해서 책도 읽어 주고, 이런저런 자기의 이야기도 해 주기를 1년이 지나기까지 이렇게 봉사를 하게 되었다.

그런데 어떤 이유로 더는 갈 수 없는 상항이 되었다. 어느 날, 이 소녀가 깨어나고 회복되기 시작하더니 그때 혼자 말로 이야기한 것들을 이 소녀가 의식이 돌아오면서 말하게 되었고 이 소녀의 부모는 이 청년을 찾아 계속해서 도와 달라고 간곡히 부탁해서 청년은 시간을 내서 자매의 재활 치료를 도와주고 이 소녀는 건강해져서 결혼까지 했다는 실화 이야기를 들은 적이 있다.

우리는 때로 아무것도 모를 것이라 생각하지만, 사람은 영감, 예감, 오감, 눈치, 코치로 모든 것을 감지하고 알 수 있다. 사람은 만물의 영장이요 하나님의 형상을 닮은 것이 우리의 본 모습이다.

감기나 암 질병이 모두 똑같다. 무엇이나 아프면 회개기도 하고 하나님이 기뻐하지 않는 행동은 무엇인가 되새겨 보면 하루 동안에 하나님이 기뻐하지 않는 많은 생각, 부정적 생각, 복음에서 벗어난 말이나 어떤 행동이나 생각들이 있다면 회개하면 모든 질병이 고쳐지기도 하고 하나님의 음성을 들을 수 있다.

질병이 100%로 죄 때문이라고 할 수는 없지만, 성경에서 보면 중풍 병이 걸린 사람에게도 "네 죄 사함을 받았느니라." 하시면서 죄에 대하여 말씀을 하시려고 죄가 오면 이런 엄청난 일도 일어날 수 있는 것을 보여 주셨다.

또 많은 사람들의 병을 고쳐 주시면서 다시는 죄를 짓지 말라고 하시고 간음하다 현장에서 잡힌 여자도 죄로 인하여 심판을 받게 되고, 문둥병도, 전쟁에서 패할 때도 죄의 문제를 해결하면 승리하는 것을 보면서 과연 죄의 값은 얼마인가 생각하게 된다.

개인적인 신앙 체험으로 죄를 회개하면서 너무나 많은 문제가 해결되고 지극히 작은 생각에서 오는 너무나 많은 죄가 우리에게 겹겹이 쌓여 있어 한 번에 벗겨지지 않는다. 계속해서 반복적으로 회개하면서 내 영혼이 깨끗해지는 것을 경험으로 느끼면서 더욱더 하나님의 능력과 기적을 경험해 갔다. 그런데 병원에 가거나 약을 먹으면 더 아프든지 부작용이 나던지 그래서 어쩔 수 없이 모든 것은 기도로 승리하게 되었다.

그런데 나의경우 모든 질병 중에 제일 낫지 않는 것이 감기였다. 다른 것은 기도하면 얼마 지나지 않아서 반응이 온다. 그런데 감기는 잘 고쳐지지 않고 계속해서 기침이 나오는 것이다. 그래서 기도하는 가운데 깨달은 것이 뒤돌아보고, 회개기도 하고 또 회개기도를 반복하기를 하나님은 원하셨다.

유명한 의사의 처방도 단번에 낫지 않듯이 최소한 하루 한 번, 두 번, 세 번씩 약을 먹어서 며칠 지나야 효과가 나타난다. 그런 것처럼 하나님 치료의 약도 하루 3번씩 기도하고 대적하고 물리치면 낮을 것이라는 생각이 오면서 기침이 그칠 때까지 계속 기도하고, 대적하고, 물리치고 해서 어떤 병이든 기도로 낫는 것이 가장 완전하고 빠르고 재발도 거의 없었다. 약국도 병원도 지금까지 거의 간 적이 없었다. 어깨가 아파서 몇 번 기침이 너무 심해서 약을 몇 번 정도 먹었던 것 같다. 제주에 와서 이 약을 10년 만에 처음으로 약국에 가서 찾으니까 그 약이 없어 진지가 몇 년이 지났다는 것이다. 그동안 약국을 가지 않아 몰랐던 것이다.

요즘은, 남편이 건강사업을 하다 보니 또 내 건강이 50대보다 더 좋아졌다. 하나님께 감사하고 다른 사람의 건강도 바르게 인도할 수 있으니 감사하고 신체의 원리를 따라 1주 1회는 쉬어 주고 잠잘 때 잠자고 기본에서 벗어나면 문제가 생긴다는 것을 기억하고 항상 기본에서 원점으로 돌아간 후 문제 해결을 하면 모든 것이 쉽게 풀린다. 우리는 또 부족하고 모르는 것은 후히 주시고 꾸짖지 않으시는 하나님께서 구하라고 하시면서 기다리며 귀 기울여 듣고 계신 하나님을 생각하면 기쁨으로 믿고 신뢰하는 어린아이처럼 믿는다.

6) 용서에 대하여

하나님이 나에게 가르쳐준 용서는 그냥 참고 봐주기만 하는 것이 아니라, 그 사람의 잘못을 잊어버리고 기억하지 않고 처음처럼 대하라는 것이다.

그 사람이 나에게 너무나 큰 잘못을 한 후에도 내가 그 사람을 미워하지 않는 것이 잘한 일이라 생각했는데 하나님의 말씀은 처음 관계처럼 잘 지냈던 상황으로 할 수 있어야 이것이 진정한 용서이다. 그런데 우리가 이렇게 할 수 있는 것은 어린아이들이 놀다가 엄청나게 싸워서 울고불고 난리가 나지만 다음에 보면 또 다정하게 놀고 있는 것을 볼 수 있다.

이때 어린아이들처럼 잊어버리는 은사가 있어서 모두 잊어버리고 전혀 기억하지 않고 놀고 있는 것을 보면서 나는 '어린아이처럼 하는 자가 천국에 들어갈 수 있다'고 하는 것처럼 우리가 어린이 수준으로, 특히 미운 사람에 대한 감정이 어린아이들 마음처럼 해야지 이처럼 하지 못한 것이 있다면 회개해야 한다.

왜냐하면, '너희는 어린아이 같지 아니하며 결단코 천국에 들어갈 수 없다.'고 하셨으니 하나님 말씀 때문에 이렇게 시도를 해 보니 잘 안 되었다. 몇 번을 망설이고 '나는 죽은 자다.' 생각했다. 죽은 자는 감정도 없고, 반응도 없는 것이다. 죽은 자에게 어떤 모욕감이 온다 할지라도 반응하겠는가? 그래서 몇 번을 다짐하고 감정을 다스리고 행동으로 옮겨 보았다. 어린아이들은 기억하지 않고 같이 잘 논다. 그렇지만, 어른들의 경우에는 본인이 잘못하고서도 적반하장으로 큰소리를 치기도 하고 오히려 그 사람이 잘했다고 어기며 나오기도 한다.

나는 말씀에 의지하여 말씀대로 했고 하나님이 나에게 네가 내 말을 지키고 따랐기 때문에 나에게 책망하여 말하지는 않는다. 그러나 그가 계속해서 어기면서 멀어진다면 이것은 내 책임이 아니다.

하나님께 맡기는 수밖에 없다. 이렇게 하나님의 말씀에 순종하여 나갈 때 상대방은 나를 체통 없는 사람으로 이랬다, 저랬다 한다고 말하기도 하는 분명 본인이 잘못해 놓고도 사람들은 자기 합리화를 위해 반대로 나를 모함하기도 하고 다른 사람에게 나쁘게 자신이 지어낸 말로 할 때가 있다. 그때 우리는 너무 화가 나고 기가 차지만 역시 말씀 따라 죽은 자는 말이 없다.

우리 옛말에 '방귀 뀐 놈이 성낸다.'고 말하는 것처럼 이런 경우를 종종 보게 된다.

우리는 처음도 믿음으로, 나중도 믿음으로, 그 후도 또 역시 믿음으로 하는 것이 하나님의 말을 잘 듣고 순종하는 것이다. 이 모든 행동을 주님은 저울에 달듯이 달아 보신다.

하나님이 우리의 행동도, 반응도, 모든 것을 보시는 점수가 있다.

하나님은 나에게 네가 내 말을 지켜 오니 형통함이 있고 하나님이 준비하신 것은 그대로 나에게 기적같이 약속대로 결과가 나온다. 처음에는 약간 억울하기도 하고 분하기도 하고 내가 이만큼 참았는데 '더 이상은 못 참겠다. 한번 혼을 내줘?'라고 생각하지만, 이것 또한 사탄이 내 안에서 충동질을 해 나 때문에 분 내게 하고 억울하게 해서 싸움을 만드는 마귀의 꾀에 속지 않는 것이다

나는 이렇게 말씀에 의지하며 순종하였더니 배로 갚아 주시는 것과 약속대로 응답으로 돌아온 것이 많다. 그러므로 더욱더 주님 말씀 실천하

는 것이 더 즐겁게 그 말씀을 따를 수 있고 문제에 부딪칠 때마다 주시는 말씀은 다르다. 그래서 그때그때 하나님의 말씀이 인도하는 대로 행하므로 꿀 송이 보다 더 단 하나님의 말씀이 이루어지는 것을 경험하였다.

7) 사람을 두려워하지 말라

실제로 사람이 무서워서 두려워하기보다는 어떤 사람과 관계에서 그건 아닌데 말하자니 나에게 손해가 올 것 같고 불이익이 있을 것 같을 때 우리는 내 감정 그대로 말해야 하거나 아니면 내 마음에서 나오는 생각을 숨겨서 뒤로 물러서서 행동해야 할 때가 종종 있다.

나는 사람들을 너무 많이 두려워했다. 그러면서 여러 가지 관계가 깨지고, 삐치고, 어려움이 생기고, 곤경에 빠질 때도 있고, 손해 볼 때도 많이 있었다. 직원이 제대로 일을 못 하는데 그것을 그때그때 말하지 못하여 상대방은 '이 사람은 이렇게 해도 되는구나.

우리 주인은 착한 사람이야.' 라고 생각하며 자기 방식대로 일하면 문제가 된다. 출근을 제시간에 안 하고 지각하고 늦어도 그것을 그 사람이 싫어할까 봐 말하지 못했더니 그 사람이 더 큰 문제를 일으키면서도 자신이 유익한 쪽으로 행동한다.

"주인은 나를 해고하지 못할 거야."라는 생각을 한다. 그런데 모든 경영과 모든 것을 하나님이 도와주시고, 직원이 없어도 하나님이 내 편에서 도와주신다는 믿음으로 나간다면, 말 안 듣는 직원은 계속해서 주인의 말을 듣지 않으며 현실적으로 해고하는 것이 힘든 일이라 쉽게 결단이 안 선다. 이것이 사람을 두려워한 행동이다.

누군가 돈을 빌려 달라거나 물건을 빌려 달라거나 무엇인가 요청할 때 내가 싫다고 한다든지 안 된다고 하던지 못하겠다고 내 수용 거부 의사 표시를 정확히 해야 한다. 내 의사 표시를 분명히 해야 하는데 못하는 것도 사람을 두려워해서 제대로 대답하지 못하는 것이다. 그런데 하나님이 그럴 때마다 주님의 말씀에 따라 내 생각은 내려놓고 담대하게 표현하려고 안간힘을 쓰면서 하기 힘든 언어와 행동들을 시도해 보면서 내 안에 눌려 있는 성인 아이의 기질을 조금씩 벗어 갔다. 처음에는 말을 큰 소리를 못해도, 개미 소리처럼이라도 내 의사를 밝힘으로 상대방이 선한 사람일 경우는 그 마음을 받아들여 반응해 준다. 하지만 악한 사람은 상대방 약점을 이용해서 자신의 기득권 주장을 하고 따진다.

상대방이 어떻게 나오느냐에 두 번 다시 상대할 사람인지 아닌지 판가름하고, 같이 일하지 말고 선을 잘 그어서 행동해야 한다.

나는 대인관계에 자신이 없어서 다른 사람은 아무것도 아닌 일에 목숨 걸고 살아가는 것을 본다, 나의 당연한 주권을 가지고 말해야 하는 것조차도 주저하고 '상대방이 기분 상하면 어떻게 하나'라는 이유로 나와 같이 자존감이 바닥을 치거나 자신 없어 무엇을 하지 못하는 사람도 주님이 함께하시면 이 장벽을 넘어갈 수 있다.

8) 나를 불러 주시고 일 맡겨 주심에 감사

나는 어느 날, 깨달은 것이 있다. 나의 사역이 활발하게 부흥이 안 되어도 하나님께서는 감사하라 하신다.

큰 교회 목사님이나 작은 교회 목사님이나 하나님 앞에 충성을 다 했느냐에 따라 하나님이 아시고 계신다. 상급은 하나님 방식으로 갚아 주신다. 어느 과부의 두렙돈이나 부자의 큰돈이나 하나님은 오히려 두렙돈을 넣은 과부의 헌금이 크다고 하셨다. 때로는 내가 하는 사역이 너무 초라하게 보여도 상급은 똑같이 주신다고 하셨고 내가 주어진 환경에서 최선을 다했느냐를 보신다고 하셨다. 그리고 하나님이 안 써 주는 사람도 많이 있는데 나른 불러 주시고 일을 맡겨 주심에 감사해야 한다는 마음을 주셨다.

교회를 섬기고 있는 목사님들이 교인도 없고 임대료 유지비 때문에 너무 힘들고 어려워서 그만두고 싶을 때가 얼마나 많은가? 주님은 주님 때문에 근심하고 고통당했으니 갚아 주신다고 하신다. 교회에 성도는 없을지라도 지나가다가 십자가를 보고 '여기에 교회가 세워졌구나.' 라고 하면서 하나님을 의식하게 한 것도 사역이라고 하셨다.

하나님이 이렇게 감동을 주시니 은혜가 되고 기쁨이 넘쳤다. 하나님은 능력이 부족한 나에게 목사로 세워주셨다. 그런데 교회도 제대로 못 한다고 생각하고 낙심할 때가 있었다. 25년 전 월세 칠십만 원이면 선교사님 몇 사람을 후원할 수 있는데 나에게 교회를 하게 하시고 교인 한 사람도 없는 시간을 보낼 때 너무나 답답해했던 적이 있었다. 세워진 교회는 강남 한 복판에 개척했는데 하나님이 내가 순종한 것을 큰 기쁨이란 마음을 주셔서 위로가 되었던 적이 있다.

요즘에도 보면 주의 종은 많으나 양 떼가 없는 교회도 많다. 하지만 지극히 작은 양 떼라 해도 최선을 다하여 양육하고 보살피는 것이 하나님의 말씀에 순종하는 것이기 때문에 하나님이 기뻐하신다. 지나온 세월을 돌아보니 그렇게 교인도 없는 교회에서 혼자 울고 기도하고 있는데 어느 날 노숙자 한 분이 오셨다. 얼마나 반갑고 귀한지. 내 목소리를 들어줄 사람이 있다는 것 그것만으로도 너무나 기쁘고, 반갑고, 감사하면서 하나님이 한 영혼을 얼마나 귀중히 여기시는지 그 마음을 부어 주셨다. 그래서 천하보다 귀한 영혼을 불쌍히 여기시고 소중하고 보배롭다는 말씀이 충분히 이해가 갔다.

교회를 개척하고 한참이 지난 어느 날, 어느 처녀가 귀신들려 이 기도원 저 기도원을 다녔었고 집에서조차 그녀의 부모님도 돌보기가 어렵다고 우리 교회에 누가 데려다 놓았다. 나는 당시 목회만 하는 것도 아니고 너무 바쁜 환경이었기 때문에 이 자매를 돌볼 상황이 아니었다.

2층에서는 '피부, 비만 건강관리센터'를 하고 4층에서는 교회를 하던 상황이어서 거부했지만, 이 자매의 사정이 너무 딱해서 완강하게 거절할 수가 없었다. 어렸을 적 고향에서 정신 나간 처녀가 귀신에게 사로잡혀서 온 동네를 돌아다니다가 어느 날 임신한 모습을 본 것이 생각나 이 아이도 내가 거부하면 그런 상황에 처할 수도 있다는 생각이 들었다.

어떻게 해야 하나 기도하다가 일단 이 자매를 위하여 대신 회개하라 그리하면 하나님이 그 자매를 긍휼히 여기셔서 '기도한 대로 응답해 주시지 않겠는가?' 하는 생각에 간절히 회개기도를 하기 시작했다.

이 자매는 음식을 차려줘도 먹지 않고 책상 밑에 들어가서 하루 종일 웅크리고 나오지도 않았다. 인상을 쓰면서 꼼짝 않고 있다가 잠자는 시간이 되어야 살금살금 돌아다닌다.

처음에는 무섭기도 하고 낮에는 끌어내도 절대 나오지 않았다. 그래서 나도 무서운 생각도 들어 혼자서 잘 수 없었다. 하지만 며칠이 지나도 계속 이런 상태가 이어지다 보니, 나도 자다 깨다 하면서 설 잠을 잤고 어느 날은 불을 켜놓고 잠을 자고 있다가 느낌이 이상해서 눈을 또 보니 내 머리맡에서 내 얼굴을 쳐다보고 있는 것이다.

순간 얼마나 놀랐는지 처음에는 너무 놀라고 긴장했지만, 폭력을 행하는 것은 아니니 위험한 상황은 아니었다. 단지 책상 밑에서 나오지 않고 아무것도 먹지 않는 것이 이 자매의 특징이었다. 아무리 야단을 쳐도 소용이 없었다. 그렇게 5일 정도 되었을 때 밥을 안 먹어 은근히 걱정됐다.

너무 먹지 않으니 어찌할까 하다가 하나님께 간절히 기도하고 맛있을 것을 사다가 그 앞에 놓았다. 그리고 먹으라고 하니 먹겠다고 했다. 그때 나는 '사람이 떡으로만 사는 것이 아니고 하나님의 입에서 나오는 말씀으로 산다'는 말씀이 떠올라 성경 한 장 읽으면 이것을 주겠다고 했다. 그랬더니 정말 그녀가 책상 밑에서 나와 성경을 읽었고 나는 말씀을 풀어주고 기도해 주고 하면서 매일 맛있는 것을 사주었다.

하루 이틀 계속해서 말씀과 맛있는 음식을 먹였다. 말씀이 매일 먹여지고 자신을 해치지 않는 사람이라고 생각이 들기도 하면서 또 성경의 의문 나거나 궁금한 것을 질문하라고 하니 그 의문이 풀리면서 날로 좋아져 갔다.

하나님의 말씀으로 이 자매를 놓고 기도하면서 먼저 회개기도를 했고 이 영혼을 불쌍히 여겨 달라고 간절히 기도하는 가운데 하나님의 응답은

'빛이 오매 어둠이 물러가더라.' 하신 말씀을 응답으로 받고 말씀을 풀어 주고 읽어줄 때 그 마음에서 어둠이 떠나간다는 믿음이 생겼다.

그래서 매일 질문하라고 하여 말씀을 풀어 주었고 말도 시키기도 하며 이야기를 나누고 날이 갈수록 말씀이 들어가니 몰라보게 달라져 20일 정도 지났을까? 어느 날, 일을 마치고 교회에 들어갔는데 깨끗하게 청소를 해 놓았고 딴 사람인 것처럼 얼굴도 깨끗하게 단장하고 있는 모습을 보니 그렇게 예쁠 수가 없었다. 얼굴에 항상 인상 쓰던 것이 없어지고 그 모습이 바뀌어 그 안에 어둠이 물러갔다. 매일매일 말씀으로 원수 마귀를 대적하고 "떠나갈 찌어다"하며 기도했더니 놀랍게 변화되어 기적이 일어났다.

그러나 원수는 계속해서 여러 가지 방법으로 우리를 미혹한다.

다음으로 그 자매에게 마귀가 넣은 생각은 '나와는 아무상관 없는 목사에게 이렇게 신세를 져서 되겠는가?'라는 생각이었다. '나는 여기서 빨리 나가야 한다.'는 생각을 하면서 자꾸 집을 나갔다. 예전에는 집밖으로는 절대로 못 나가고 집 안에 책상 밑에 숨어서 얼굴도 못 보게 하더니 이제는 미안해서 신세를 질 수 없다는 생각을 넣어서 나가려고 하고 '목사에게서 떨어져야 말씀을 듣지 못하게 한다.'는 사단의 계략이 있는 것이다. 우리는 항상 깨어서 사단의 전략을 알아차려야 한다.

정신이 돌아오니 자꾸 가출했다. 사람을 말씀과 떨어지게 하려고 말씀이 들어가면 마귀가 떠나가야 하니까 자꾸만 가출하는 것이다. 그런데 자기도 모르게 다시 교회에 와 있는 자신을 발견하면서 '왜 내가 나가려고 했는지 생각이 안 나고 이상하게 나갔다가 또 다시 제자리로 돌아오게 된다.'고 하면서 며칠 동안 자신도 모르게 나갔다가 다시 돌아오는 것은 반복했다. 이제는 밖으로 안 나가겠다고 하고 그 후로는 나가지 않았고 내가 가도 된다고 할 때까지 교회에 있어야 한다고 말했다. 40일 정도 지났을 때 자신도 선교사가 되고 싶다는 말을 할 정도로 믿음도 놀랍게 성장했다.

그 후 필리핀에 단기 선교 팀이 있어서 그곳에 한 번 다녀오고 나서 결정하라고 했다. 그런데 아직 이 자매는 신앙이 견고하지 않은 사람이라 선교지에 보낸 것은 나의 경험 부족이었다. 선교지에 다녀오면서 더 큰 믿음을 가지라는 마음에 보낸 것이 선교사님께 시험이 들어서 돌아왔다. 인본 적이고 욕심 많은 어떤 선교사님이 10명의 단기 선교 팀 학생과 청년들을 모두 실족시켰다. 나 자신도 아직 신앙이 크지 않는 상태라는 것을 나중에 깨닫게 되었다. 이렇게 귀신에게 사로잡혀 있던 사람은 말씀으로 많이 채우고 믿음을 키워야 한다는 것을 알게 되었다.

모두를 시험 들게 된 사건이 되었고 나도 처음 보는 선교사님은 경계해야 한다는 생각과 '구관이 명관'이라는 말이 있듯이 오래전 알던 사람들과 함께 일하는 것이 오히려 낫다는 생각을 하게 되었다. 그래서 그 사건 이후부터는 선교사님을 만나는 것이 매우 조심스러워지게 되었다.

결국, 이 자매는 자신의 부모가 계신 고향으로 돌아갔고 영적으로 더는 지도를 하지 못하게 되었다.

9) 부자 되기를 원하는 사람은

사람이 살아가는 데 있어서 돈은 꼭 필요한 것이다.

물론 없이도 어느 정도는 살 수 있지만, 사람이 육체가 있는 이상 먹어야 하고 써야 하기에 살아가는 데 돈은 꼭 필요로 한다. 대부분의 사람이 항상 돈 때문에 어려움이 많이 겪게 된다.

넘쳐도 문제이지만 기본조차 없어서 힘든 분들이 너무 많다.

돈이 있으나 돈으로부터 자유롭기를 원하고 이것을 부리고 다스리고. 돈이 내 품 안에 들어와야 내 마음대로 다스려지게 되는 것이다.

그런데 많은 사람들이 돈에 끌려 다니고 돈 때문에 죄짓고 돈 때문에 믿음을 버리고 돈의 지배에서 벗어나지 못한다.

돈이 많고 적음의 문제가 아니라 어떻게 부리고 다스리는 방법을 알아야 한다. 저는 수입의 40%는 반드시 저축해야만 한다고 생각을 하고 있다.

아무리 작게 벌어도 40%는 '예) 이백만 원 기준으로 해서 팔십만 원은 저축을 해야 한다. 어떻게 저축 하는가.' 이렇게 설정해 놓고 십일조 10% 백 십만 원은 내 돈이 아니다. 나머지 백십만 원 가지고 생활비로 쓰는데 여기에 밸런스가 안 맞으면 추가 수입으로 알바나 기타 부가 수입을 만드는 것을 강구한다.

예를 들어 기름 값이 모자라면 부수입 할 수 있는 것을 만들든지 다른 사람이 알바나 추가로 수익을 만드는 것을 해서라도 지출을 맞추어야지 전부를 다 써 버리거나 80%~90% 지출도 마이너스 생활이다. 이 상태로 생활이 계속 유지된다면 멀지 않아 가정에 어려움이 오게 마련이다.

항상 예상 못 하는 비상금 비용이 또 있기 때문에 딱 맞는 생활을 하다 보면 빚을 지게 되고 점점 어려운 생활은 계속되면 가족들 모두에게 가난을 벗어날 수 없는 환경이 계속되는 것이다

비록 어렵지만 이런 환경에 적응하고 훈련하다 보면 가난을 벗어나고 부유함과 하나님의 약속하심이 이루어지게 된다.

생활비를 최대로 절약하고 종 잣 돈을 모아야 종 잣 돈이 커진다. 만약 더 많은 지출을 써야 할 경우는 재활용 재생산 자체 충당 등의 방법으로 해결하고 어려운 상황에서도 가족이 같이 연구하고 같이 문제를 푼다면 아이들에게도 경제 관념과 재정교육이 되고 알뜰하게 사는 훈련 등. 귀한 것을 훈련할 수 있고 위기에서 하나님이 지혜와 능력을 받게 되는 것입니다.

돈을 모으는 사람들은 돈을 아껴 쓰고 잘 만들어서 돈이 필요할 때 돈이 따라온다. 세상 사람들은 돈을 좋아하기 때문에 돈을 버는 것인데 그리스도인은 돈이 필요하다고 하면서 열심히 부지런히 돈을 모으려고 하지 않으면 돈은 모이지 않는다. 돈은 또 자연의 생명체처럼 심으면 싹이 나서 거두는 것처럼 말씀에 의지하여 심고 다스려진 것들이 반드시 삼십 배 육십 배 백 배의 결실로 나에게 돌아오는 것이다.

돈은 매우 유용하면서 잘 사용하고 다스려야 하는 것처럼 심고 가꾸기도 해야 한다는 것이다.

돈을 다스릴 때 주님의 말씀 따라 십의 일조는 기본이고 주일 성수 기본이고 그 후에 필요하면 반드시 구해서 받아 모아야 하고 하나님께 드려진 모든 것은 식물의 열매처럼 수십 수백 배로 돌아온다는 진리의 말씀처럼 하나님의 모든 말씀은 약속대로 모두 사실이다. 그러므로 첫째는 하나님의 인도 속에 순종으로 나아가야 하고 하나님의 자녀가 구하고 부

지런해서 재정을 만드는 것은 하나님의 도움을 받아야 한다.

돈은 생명과 같아서 아브라함이 이삭을 받치듯 드려지고 다시 받는 훈련도 반드시 합니다. 심지 않으면 거둘 수 없습니다.

심지 않는 농부는 곡식 거둘 생각을 안 합니다. 그런데 믿음의 사람이면서 심지 않고 거두기를 바란다면 악한 자입니다. 하나님의 말씀을 따라 해야 하고 성령님의 인도로 해야 합니다.

모든 것을 아시는 성령의 도우심을 받는다면 모든 것에 지혜가 생기고 또한 성령을 통하여 알려 주시고 깨우쳐 주시고 전능하신 하나님께서 보여 주고 알게 하여 주십니다.

가난한 날 부하게 약한 나를 강하게 하고 재정의 고충에서 해방되고 싶다면 말씀의 기본 원리를 따라 부지런하며 게으르지 말고 항상 깨어 기도하고. 하나님의 인도를 받는다면 당신은 반드시 풍요로워지고 부하여지고 물질적인 기본 개념부터 정리해서 세워나간다면 흘러넘치는 복을 받게 될 것이다.

10) 언니 집 누수를 고치면서

　언니네 집은 2층이다. 그런데 천장에서 물이 떨어지고 바닥에서 물이 새고 꼭 지하에 사는 것 같았다.

　3층에 사는 사람들이 욕실 공사 보일러 공사를 세 번이나 했는데도 천장에서 물이 떨어져 대야를 천장에 올려놓고 살고 있었다. 바닥 어딘 가에서도 물이 새서 질퍽질퍽 새는 모습이 정말 난감한 상황이었다. 이것은 영적인 문제인 것 같습니다. 무조건 하나님께 회개기도 하고 눈에 보이지 않지만 이런 사건을 일으키는 원수를 쫓읍시다.

　하지만 언니 권사님은 이 말을 받아들이지 않았다.

　그래서 결국 3층 집과 다툼과 분쟁 몇 번을 고쳤는데도 해결 안 되니 그 집은 이사 가고 또 새로 이사 오신 분도 집 전체를 모두 수리했는데도 계속해서 물이 새니 어떻게 하겠느냐 할 수 없이 언니 네가 포기하고 천장에 대야를 놓고 사는 방법밖에 없었다.

　이런 모든 과정을 지켜보다가 더 이상의 방법을 찾지 못하고 나의 말이 영적인 문제인 것 같다는 말을 하게 되었다.

　그래서 적당히 고이면 버리고 천장을 보면 기가 막혔다. 집안에 옷들은 곰팡이가 잔뜩 끼고 이렇게 1년이 가고 이 공사 저 공사하고 또 세월이 가고 이제 더 이상 방법이 없을 때 영적인 문제겠다는 말이 받아들이게 되었다.

　어느 날 또 업 친데 덮친 격으로 이제는 아래층에서 벽에 물이 흐른다고 뛰어 올라왔다 내려가 보니 벽에서 물이 흘러내리는 것이다. 어디 물이 또 터진 것이다.

벽에 박혀 있는 상수도가 터져서 이런 일이 벌어졌다. 원인을 알았지만, 벽 속에 박혀 있는 상수도는 쉽게 해결되지 않는다. 일단 일부 벽을 기계로 뚫고 수도 줄기를 잡아서 낡은 수도관 교체를 하였다. 그런데도 약간의 물이 계속 흐르고 있다는 것이다. 이 정도로 집 문제가 이리해도 안 되고 자꾸만 문제가 생기면 아무리 강적이라도 기도 할 수밖에 없다. 이리해도 저리해도 안 되는 문제로 집을 버리고 도망갈 수도 없고 계속 기도해야 한다고 하고 다시 벽은 또 뚫려서 확인해 보아야겠다고 생각하고 기계를 대는 중에 기계가 튕겨져서 살짝 노출되어 보이던 수도관이 찌글어 들었다.

정말 조심해야 하는 것이 벽 속에 들어 있는 수도관과 전기 공사가 난제의 부분이다. 어느 부위에 선이 들어 있는지 어느 부위에 수도관이 들어 있는지 잘 찾아서 해야 하는 것이다. 그런데 이상한 일이 벌어졌다.

점심시간이 다 되어서 점심 먹고 와서 하겠다고 생각하고 중단을 했다 점심 먹고 와서 물이 흐르던 부위가 꾸덕꾸덕 물기가 없어지는 느낌이었다.

그래서 그냥 두고 다음 날 지켜보자고 하고 공사를 중단 하였는데 더 많이 말라져 있고 그다음 날은 뽀송뽀송해져 있는 것이다.

실수로 수도관을 건드려 약간 흐르던 것이 오히려 미세한 흐름의 근원이 막히고 그 후는 누수 문제가 해결된 것이다.

믿음이 없는 사람도 정말 신기하고 놀랍다고 정말 하나님이 하셨나 봐요. 인정할 수밖에 없었다. 천장에 그토록 끝도 없이 나오던 물이 멈추고 하니 우리에게 깨우침을 주고 나에게 무엇인가 알게 하고 그 물은 지금까지 흐르지 않게 되었다.

물도 언제부터인가 떨어지는 것이 없더니 1년이 지나도 이상이 없고 물은 마르고 천장을 깨끗하게 도배를 하고 지금까지 잘살고 있다. 나의 경우 이런 경험이 참 많았다 다양하지만 내가 믿고 회개하고 바라보고 도움을 청함으로 하나님께서 도와준 사건들이다. 우리의 문제 중에 육적인 문제 영적인 문제 혼적인 문제 어디에서 원인이 오고 주님은 이런 사건과 문제 속에서 깨닫게 하시려고 이 문제를 허락하셨을까?

　육적인 문제의 아무 꺼리 낌이나 양심의 가책이 없고 실수한 것이 없다면 주님은 우리에게 영적 세계에서 일어나는 일들도 알게 하시려고 허락하실 때가 있다. 그렇다면 보이지 않지만, 하나님의 자녀인 우리에게 힘들게 하고 불편하게 하는 배후의 어떤 방해자가 있다는 것이다. 그러면 우리는 예수님의 이름으로 대적하고 물리치면서 보이지 않는 세계에서 일어나는 일들에 대하여 하나씩 하나씩 배워가는 것이다.

　주님은 제자들에게 누가 이렇게 하였느냐고 하니까 밤에 잠잘 때 원수가 이렇게 가라지를 뿌리고 갔다고 주님이 말씀하셨다. 지금 우리의 삶 속에서도 원수는 가라지를 뿌려서 우리의 일을 방해한다. 그러므로 성령님도 "깨어 있으라" 원수 마귀가 우는 사자처럼 삼킬 자를 두루두루 찾아다닌다고 하셨다. 우리를 방해하는 원수 흑암의 세력을 대적하여 물리쳐야 하는 것이 우리의 영적 권세이다. 말씀에 의지하여 말씀이 명령하신 대로 우리는 하기만 하면 된다.

11) 펜션 운영하면서

남편이 늘 하는 말이다. 하나님을 가까이서 뵈려면 나처럼 펜션을 해 보세요. 그러면 하나님이 내 옆에서 함께 일해 주시는 것을 보실 수 있습니다. 남편의 말이다. 우리는 펜션을 하면서 손님들로부터 밤중에 갑자기 고장 난 에어컨 때문에 난감한 상황을 만날 때 엄청나게 어려운 일들이 많았다. 손님들은 조금의 이해도 없이 불만을 성토한다. 그러니 위기의 순간에는 이 문제를 해결하실 분은 오직 예수님께 기도할 수밖에 없다. 그때마다 '에어컨을 정상으로 고쳐 주심.' 이러한 난감한 상황에서 도와주신 하나님께 감사하다. 남편은 "오물사건"그 외에도 크고 작은 일들 속에서 하나님의 직접 역사하시고 함께 하시는 것을 수없이 많이 보게 되었다. 그래서 에어컨을 붙잡고 기도하기를 하나님 에어컨을 고쳐 주세요. 오늘 밤만이라도 해결해 주세요. 무사히 그 밤이 지나고 손님들로부터 크레임 받지 없으니 남편은 응답받았다고 껑충껑충 뛰었다. 그런데 가장 힘든 것이 육체가 힘든 일을 하면서 힘든 것보다 손님들로부터 부딪히고 전혀 막무가내로 해결해 달라고 요구 하고 손님의 권리만을 주장하고 따지는 손님들을 만날 때면 참 많은 곤욕을 당했다.

하지만 어떻게 하겠는가? 그때마다 위기에 순간에 함께 하시면서 일하시는 하나님을 체험하면서 이제는 무엇이든지 문제가 되고 어려운 일은 기도로 해결하신다. 남편은 몸이 아플 때 아무리 기도해도 계속 아프다고 했다.

그래서 믿음은 "무릇 지킬 만한 것보다 네 입의 말부터 지켜라. 생명의 근원이 이에서 남이니라." 하나님 말씀에 "믿고 기도한 것을 받은 줄로 믿으라." 우리는 기도 했으면 그렇게 응답하실 하나님을 찬양하면서 기다려야 한다.

그런데 우리는 때로 하나님은 일하시는데 내 입의 말 한대로 아니 하고 하나님을 인정한다고 하면서 기도한 대로 하나님의 말씀대로 말하는지 행동하는지 점검해 보면 그렇지 않은 경우를 종종 있다.

이것을 하나님은 불신하는 행위이고 하나님도 알고 계신다. "네 믿음이 너를 구원 하였느니라." 하신 말씀 내 마음과 몸이 이렇게 똑같이 믿음의 말을 할 때 기적을 보게 된다. 성경에 나오는 사람이 예수님이 말씀하시던 두 시에 열병이 떠나가고 나아졌다고 한다. 우리도 하나님을 찾고 응답받는 순간 치료가 나타나는 것이다. "백부장도 말씀만 하시옵소서. 그렇게 될 줄로 믿습니다." 하고 백부장이 가니까 예수님은 백부장의 믿음을 칭찬하면서 이스라엘 안에 이만한 믿음 있는 사람은 못 보았다고 하셨다.

나는 과연 하나님이 인정할 만한 믿음 하나님이 나를 바라보시고 다른 사람에게 칭찬할 만한 믿음은 있는가? 우리의 믿음은 자라간다고 하십니다. 어제는 믿음이 별로였지만 오늘부터는 칭찬받는 믿음, 인정할 만한 믿음, 이런 사람을 이 시대에 찾고 계십니다. 남편은 펜션을 운영하면서 살아서 역사하시는 하나님을 보았고 하나님이 기뻐하는 거룩한 믿음의 자녀로 살아가기를 다짐했다.

기도의 응답은 사역 적인 기도의 응답뿐이 아니라 주의 자녀인 나에게 필요한 모든 것에도 응답하시고 나를 돌보시고 보호하시는 분이십니다.

우리는 이런 일로 주의 일을 서로 의논하고 지혜를 모으고 함께 기도하며 나아간다.

예전에 일할 때는 일하는 것에 머리를 맞대고 기도했다면 이제는 주님의 명령에 어떻게 반응하며 나아갈 것인가? 기도하고 고민하며 나아가야 한다.

제주도 복음 전도사역으로 천국환송 예식

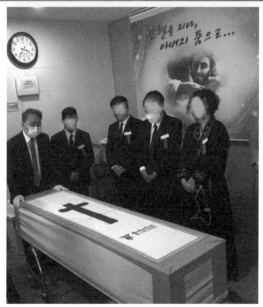

12) 오빠의 천국 환송 장례 예식을 통해서

가족 중에 가장 믿음 생활을 잘하지 못하고 평생에 마음을 아프게 한 사람이 오빠이다.

오빠는 멀리 떨어져 살았기에 전도하러 가려면 큰맘 먹고 온종일 시간을 내어서 가야 하니 많이 찾아가지는 못했지만 올케언니는 자기는 천주교는 다니고 교회는 안 간다고 하면서 집에 방문하는 것조차 거부하고 전도가 잘 안 된 케이스이다. 올케가 전도를 막고 오빠도 술 담배를 하니 천주교가 좋다고 그곳에서 신앙생활을 하겠다고 한다. 하지만 오빠는 교통사고의 휴 유증으로 아파서 제대로 직장도 못 다니고 가정생활도 제대로 할 수가 없었다.

교회 다니고 함께 기도하면 불가능을 가능케 하시고 능치 못함이 없는 하나님의 기적을 경험할 텐데 함께 하는 믿음의 길이 아니라 통하지 않았다. 평생 술의 알 콜 중독으로, 생활이 어려워지면서 가정생활도 할 수 없고 혼자 질병으로 아픔 몸으로 하루하루 연명하는 가운데 마음도 너무 나약하게 살았다 아무 소망도 희망도 없이 살다가 오래전부터 생긴 당뇨병으로 인해 다리가 썩어 들어가기 시작한 것이 한 달 만에 허벅지까지 절단하고 세 번의 수술을 하면서 결국 목숨만 연명하는 상황까지 갔다.

이렇게 중환자실에 한 달 이상 있는 동안 자신의 지난날을 돌아보면 이제 죽음을 맞이해야 하는 단계에서 이제 우리 모두 이 세상을 떠나는데 죽음의 마지막 순간이 이르면 마귀가 찾아와서 마지막 순간 너는 평생 한 것이 없다. 죄만 지었고 가족들을 모두 고생만 시켰다. 이제 죽으면 너는 지옥으로 가게 된다고 말해도 오빠는 이렇게 대답해야 한다.

나는 지옥 갈 수 없으니 예수님을 믿는다고 하고 마귀를 쫓으라고 알려 주었다.

나는 아무 공로 없지만 예수님 십자가에 피 흘려 죽으신 것은 지금까지 내가 지은 모든 죄를 청산하시기 위하여 십자가에 죽으신 것이다 "예수님 이름으로 마귀야, 물러가라." 이렇게 반응해야 한다고 가르치고 또 묻고 처음에는 나는 아무것도 한 것이 없는데 어떻게 천국 가겠느냐고 이렇게 말하면서 자기는 천국 갈 자격이 없다고 그러면 나는 우린 모두가 죄인이며 그래서 예수님이 돌아가신 것이기 때문에 계속 확고한 믿음이 있는가를 묻고 기도해 주고 하는 가운데 몸은 고통스러워 날마다 괴로워하고 점점 더 죽음이 가까이 다가오는 가운데 10일 정도를 남겨 놓고 그날은 정신이 맑아지면서 가족들 모두에게 안부 묻고 찾으면서 믿음으로 온전히 서지 못한 조카를 걱정하며 믿음으로 바로 서기를 바란다는 안타까운 말과 함께 열심히 이모의 목사님을 따라 믿음 생활을 했으면 좋다고 자신이 꾼 꿈 이야기를 해 주었다.

그리고 동생의 교회를 위해서 기도 많이 하고 있다고 가족들을 위해서 기도하고 있다면서 이야기를 해 주었다. 우리는 며칠 동안 반복적으로 위급한 상황이 발생하면 달려가고 좀 더 나아지고 하더니 10여 일 정도 지나면서 의식을 잃더니 평안 가운데 주님의 품으로 간다는 확신이 느껴지면서 하나님 나라에 가셨다. 장례는 천국 환송 예식으로 많은 목사님들이 참여하시고 은혜 가운데 감사의 장례가 치러졌다.

오빠의 장례식을 통해 '천국 환송 예식'의 세미나가 되었고 영상자료가 되고 천국 가는 마지막 순간에 하나님께 영광을 올려 드리고 오빠의 일생에 마지막 단 한 번 이 동생의 마음을 기쁘게 해 주고 가셨다 나는 제주 선교하는데 보여 주는 시청각 복음 전도의 하나인 천국 환송 예식으로 장례를 하면 사람이 세상을 떠나는데 마지막으로 참여하는 자들 믿지 않고 교회 안 나온다는 가족들과 일가친척 친구들에게 복음을 전도하는 참 좋은 도구가 되겠다고 생각하고 복음 전도를 위해 천국 환송 장례예식을 많은 사람이 볼 수 있도록 오빠의 장례를 유튜브에 기록을 남겼다

특별히 제주에서는 그 어떤 지역보다 필요하며 나에게 깨달음은 내가 마지막 죽는 순간 죽어서라도 복음을 전할 수 있다면 기꺼이 많은 크리스천이 참여하길 바라는 마음이다

집안에 형제들이 다 믿지 않는 가정에 본인이 나는 천국 환송 예식으로 나의 장례를 해 달라고 확인서에 사인을 해 두면 고인의 유언이기 때문에 특히 믿지 않는 유가족들의 다툼이 발생하지 않고 유언의 말씀을 따라 마지막까지는 3일의 기간 동안 하나님의 말씀과 함께 천국 시민 단장 과정의 아름다운 모습으로 단장하고 마지막 이별의 순간을 말씀을 따라 천국 입성식이 거행 되면서 다시 만날 것은 기약하고 영원한 이별이 아니고 다시 만나기를 다짐하고 결단하는 계기로 만들어지게 되고 믿음이 확실하지 않던 가족들은 천국에서 주님께서 처소를 예비하시는 장소와 상급과 안식과 쉼을 되새기면서 진정한 천국의 깨달음을 다짐하는 계기도 되는 이 예식은 많은 크리스천들이 장기 기증 서약처럼 서약하게 하고 천국 입성식에 대한 구체적. 말씀 세미나를 한 번씩 들을 수 있으면 정말 좋겠다는 생각이 들었다.

2023년도에 '천국 환송 예식'을 사명으로 사역하시는 김헌수 목사님을 모시고 몇 번의 세미나를 걸쳐서 제주 복음화 사역으로 정착시켰고 오빠

는 동생의 비전의 소원을 이루는데 실제 모델로 해 주시고 장례를 하는 동안 많은 교회 목사님들이 참여한 가운데 천국 하나님 품으로 가셨다. 평생 그토록 동생의 마음을 아프게 하더니 마지막 순간에 이렇게 뿌듯한 기쁨을 안겨 주고 천국으로 입성하셨다.

13) 영어로 설교할 수 있기를 소망한다

나는 영어를 많이 못한다. 그런데 하나님이 감동을 주시면서 이번에 선교와 어학연수도 함께 하게 하신다. 지금 우리 사회에는 대화 중에도 영어가 참 많다. 우리의 일상 언어에서도 참 많이 영어를 사용되기 때문에 북한에서 오신 분들이 한국말을 잘 못 알아듣는다는 말을 들었다. 그런데 나의 귀에는 영어가 일상적으로 들려지는 것이 느껴졌다. 어느 날부터인가? 한두 마디씩 귀에 읽는 소리가 들리며 좀 더 잘 들리는 것 같은 마음이 왔다.

어느 분이 영어로 설교를 하는데도 밑에 자막이 나와 더 잘 들리는 것이다.

이번 필리핀 미용 선교는 3개월 과정에 어학연수도 같이한다. 외국인에게 가르치면 저절로 영어로 말해야 알아들을 수 있고 의외로 미용을 가르치면서 말씀보다 마음이 전달되는 게 빠른 것을 느꼈다. 그들에게 내가 하는 일이 봉사이고 그들이 원하는 도움을 주고 그들에게 도움이 된다고 했을 때 그들은 고마워서 내가 믿고 있는 하나님을 더 열심히 믿는 것을 보았다. 감사해서 고마워서 그들이 열심을 내고 진심으로 그들에게 마음이 전달되니 내가 말하는 하나님의 대하여도 그들이 진심으로 관심을 보인다.

내가 목사로서 기본적인 외국어 영어 대화도 부족하고 외국은 자주 나가야 하는데 언어문제를 꼭 넘어가야겠다는 마음이 들고 지금이 가장 중요한 때이고 적기라는 마음이 들었다. 정말 언어 장벽이 없다면 주님의 마음으로 주님의 사랑을 다른 사람들에게 더 널리 전할 수 있을 텐데 이런 아쉬운 마음이 들었다. 또 한 미용 선교로 기초 커트 봉사자 교육만을 시켰었는데 이번에는 이들이 직업으로 배우길 사모하여서 좀 더 깊은 단계의 교육을 하려는 마음이라 사람들과 과연 언어가 안 통하는 외국인에게 얼마나 내가 그들을 사랑하는 마음이 전달되겠는가? 교육이 전달되겠는가?

하지만 제가 느낀 것은 말로 예수님 믿어야 좋다고 말하지만 그들의 안타까운 생업의 문제를 해결해 주고 예수님으로 인해 그들의 필요를 채워 주면 고마워하면서 더 잘 할 것이라 생각한다.

특별히 주님에 대한 믿음과 믿음으로 어려움을 극복하고 하나님의 도우심을 받는 방법 등 내가 경험했던 것들을 전달하려고 한다. 나의 모든 삶 가운데 주님이 찾아오셔서 도와주셨던 것들을 말할 때 이들이 믿음으로 기술도 배우게 되고 주님의 도우심을 구하는 방법을 전수할 때 주님은 더 풍성하게 그들에게 안겨 주실 것이고 주님을 높이는 사람들에게 지혜 주시고 능력 주시고 넘치도록 풍성함을 채워 주실 것을 나는 확신한다. 주님은 말씀하시기를 네게 원하는 대로 내가 이룰 것이고 네 기도대로 내가 응답하신다고 하신 주님의 말씀처럼 하나님은 이 시대 자비량 사역자들로 이들이 세워질 것이고 귀하게 쓰임 받는 자들이 될 것이다.

GWM 선교회를 세우다

마 28:18~20

28:18 예수께서 나아와 일러 가라사대 하늘과 땅의 모든 권세를 내게
주셨으니

28:19 그러므로 너희는 가서 모든 족속으로 제자를 삼아 아버지와 아
들과 성령의 이름으로 세례를 주라

28:20 내가 너희에게 분부한 모든 것을 가르쳐 지키게 하라. 볼지어
다. 내가 세상 끝날까지 너희와 항상 함께 있으리라 하시니라.

야고보서 2:15~20

15. 만일 형제나 자매가 헐벗고 일용할 양식이 없는데

16. 너희 중에 누구든지 그에게 이르되 평안히 가라, 덥게 하라, 배부르
게 하라 하며 그 몸에 쓸 것을 주지 아니하면 무슨 유익이 있으리요.

17. 이와 같이 행함이 없는 믿음은 그 자체가 죽은 것이라.

18. 어떤 사람은 말하기를 너는 믿음이 있고 나는 행함이 있으니 행
함이 없는 네 믿음을 내게 보이라 나는 행함으로 내 믿음을 네게
보이리라 하리라.

19. 네가 하나님은 한 분이신 줄을 믿느냐 잘 하는도다. 귀신들도 믿
고 떠느니라.

20. 아아, 허탄한 사람아 행함이 없는 믿음이 헛것인 줄을 알고자 하
느냐.

1) GWM 선교회가 만들어지기까지

우리 펜션에서 '한국 CBMC 기독실업인 워크숍'을 하게 되었다. 코로나 때문에 모두가 침체된 상황 가운데 나름대로 믿음의 사람들이 고난의 터널을 지나온 것을 나누면서 하나님이 하신 일들을 나누게 하셨다. 나도 그 모임에 참여하여 그분들의 이야기를 들으면서 '하나님의 인도하심 속에 다들 귀하게 세워졌구나.' '알곡은 안으로' 하는 노래처럼 하나님의 사람들은 알곡으로 영글어 간다는 것을 알게 하셨다. 하나님은 쉬지 않고 일하시고 하나님의 사람들을 기가 막힌 방법으로 훈련하시고 다루시는 것을 알게 하셨다.

각자 흩어져 있었지만, 주님과 함께하면서 지혜를 얻고 전혀 생각지 않은 아이템과 방법으로 정말 너무나 놀랐고 놀라웠다. 아침부터 저녁 12시까지 각자의 간증과 비전, 소명을 나누는 가운데 남편 장로님도 젊은 시절 군대에서 예수님을 영접하고 믿음 생활을 시작했다. 그때 남편은 사업을 해서 하나님 나라 세우는데 헌신하겠다는 신앙고백을 마음속으로 했었던 것이 생각났다.

너무나 오랜 시간이 지났고 아주 젊어서부터 사업을 해 왔지만, 온전히 주님을 위한 사업보다는 자기사업을 하며 살아온 것이기에 온전히 주님의 머슴이 된 청지기의 믿음의 자세는 아닌 것을 발견했다.

이제 나에게도 자비량 사역자를 양성하여 하나님 나라를 세워가는 비전을 주셨는데 '그 사역이 다시 시작된다면' 하는 생각을 하게 하셨다.

일단 하나님이 감동 주시는 대로 따르기로 했다. 그동안 저희 부부가 교회에서 개인적으로 선교하며 섬겼던 사역을 공식화해서 더 많은 사람이 함께하면 하나님의 나라가 세워지는데 더 유용하겠다는 마음을 주셨다.

하나님은 2019년도에 제주에 중보기도 하시는 분들을 보내 주셨는데 이분들은 아주 목숨 걸고 기도해 주는 중보기도 팀이다. 이렇게까지 중보기도 팀을 붙이셔서 일하라고 하시는 주님이 인도하심을 느끼면서 '하나님이 이끄시는 대로 하자. 할 수 있을 때까지 이렇게 생각하고 우리가 할 수 있는 범위 내에서 하기로 하고 하나님 뜻 안에서 기도하고 되었다.

나는 하나님이 말씀하시면 항상 행동으로 먼저 옮긴다.

내 기준과 계산으로 된다, 안 된다. 아니고 항상 내 생각으로 가면 자신이 없고 주님이 하시면 모든 것을 할 수 있었다.

그동안 나와 남편이 개인적으로 하던 '기술 지원 사역'과 '자비량 사역'의 후원을 하기로 했다.

교회 헌금은 내가 사례비를 안 받고 교회 임대료 내는 것도 없으니 지금까지 하나님의 은혜로 매년에 오천만 원 이상을 선교지에 교회를 세우고, 학교도 세우고, 선교사님들을 후원하고 있다. 작은 교회는 어렵다고 생각하지만, 이것 또한 우리의 편견이다.

우리 교회는 전 교역자님들이 사례비 없이 자비량으로 섬기고 사역함으로 재정에 부담 없이 엄청나게 많은 일을 하게 된다. 그래서 남은 생애 이렇게 하리라고 마음먹고 열심히 일하고 벌어서 자비량으로 선교하고 선교교회를 세우고, 전문인 선교사를 양성하고 후원하기로 남편과 결심하고 이제는 자녀도 다 컸고 우리 부부가 10년 동안 주님이 원하시는 일을 하고 주가 이끄시는 대로 따르자는 믿음을 주셔서 2021년도에 GWM 선교회를 설립하게 되었고 선교기업인 ㈜JMB라이프 회사도 만들게 되었다.

2) 편견의 눈으로 보지 말자

나에게 있어서 편견은 마치 선글라스를 쓰고 사물을 보면 제대로 된 색깔을 알 수 없다.

나는 나의 사역에 있어서 얼마나 큰 바위 돌이 내 안에 있는 것을 깨달 았다. 그런데도 그 밑에서 그 큰 돌 옆으로 생명체가 자라서 열매를 맺는 것을 보면서 나의 모습을 느끼게 되었다. 그런 상황에서 나를 사랑하시 고 찾아와 주셔서 주님을 알게 하시고 깨닫게 하신 주님을 생각하니 너 무나 감사하고 이제 그 돌을 치어 주시면서 나를 격려하시는 주님을 만 나게 되었다. 얼마나 많은 사람들이 이 편견의 눈을 가지고 있는가?

성경은 남의 눈의 티를 빼려고 하지 말고 네 눈에 들보를 빼고 그 후에 말을 하라고 하신다. 그러나 이 들보를 어떻게 빼겠는가? 특별한 하나님 의 은혜가 아니면 죽을 때까지 가지고 가는 게 성격인데 타고난 성격, 유 전자가 그런데 어떻게 하는가? 주님을 위해서라면 죽을힘을 다하면 할 수 있다.

원하고 바라고 오랫동안 기도했는데 40년이 걸리고 지금도 노력 하고 있다.

나의 성격 때문에 주님의 나라가 방해 되거나 더디어지면 안 된다.

한국 CBMC 기독실업인 제주연합회 회장으로서 2024-2025년에 많은 봉사를 해야 한다

㈜JMB라이프 2023년 만나 디디차 출시기념 예배 때

3) 남편은 나의 동역자

남편을 자랑하는 것은 썩 좋은 것은 아닌데 그동안 남편이 언제나 제가 하는 일은 반대하거나 방해한 일이 없다.

사람은 자기 생각으로 이해가 안 되면 반대하고 불편해서 함께 가는 길이 힘들 수 있는데. 남편은 당신이 주의 일을 하는 일에 적극 돕겠다고 고백하였다. 이것이 가장 큰 기쁨이고 힘이 되고 능력이 되었다. 하나님께 이끌려 주가 인도하는 대로 간다는 것은 자기 부인이다. 나는 날마다 죽노라.

하는 말씀처럼 인간의 본질이 살아나려고 하고 주님은 나를 부인하게 하고 죽이면서 주님의 능력 주님의 지혜를 알게 하시고 깨닫는 경험을 시키신다. 속사람으로는 자꾸만 살아나려고 하고 주님은 나를 낮추시며 내려놓게 하는 때 얼마나 힘들겠는가? 이 모든 여정에 남편이 동행하며 함께 따라와 주었다는 것 너무나 감사하고 고마운 일이다. 때로는 시행착오로 손해 보는 것들도 많이 있었다.

에녹은 300년을 주님과 동행하였다는 것은 깊은 믿음의 말은 그런 의미이다. 드디어 하나님의 훈련이 끝났고 이제 일은 하라 하실 때 남편이 함께 동행자가 되고 양쪽으로 굴러가는 타이어 바퀴가 같아서 잘 굴러가는 것처럼 만약 한쪽이 작거나 크면 얼마나 불편하고 힘들겠는가. 남편은 나를 맞추어 주느라 너무나 많이 애쓰고 힘들었다.

우리 앞에 일하시는 주님은 보면서 절체절명 때 능력의 하나님이 위기의 순간에 나타나셔서 모든 것을 바꾸셨다.

내가 제주 복음화 제주선교를 수년간 외쳐 왔는데 이번에는 남편이 경제 쪽으로 한국 CBMC 기독 실업인을 통하여 복음으로 생명을 살리고, 복음으로 경제를 살리자. 비즈니스 세계에 하나님 나라가 임하게 하자. 라는 표어를 외치며 CBMC 제주연합회 회장직을 맡게 되었다.

우리가 생각하지 못한 방법으로 하나님은 일하신다. 우리는 양방향으로 나는 영, 혼, 육의 치유 사역을, 남편은 한국 CBMC 기독 실업인을 통하여 살아서 역사하시는 하나님의 손길이 널리 널리 퍼져서 기독 실업인들과 만나는 모든 이들에게 하나님의 부요함과 풍성함이 넘쳐나기를 바란다. 이 모든 것을 주님이 도와주셔야 하고 나는 영, 혼, 육 치유 사역을 위해 육신이 먼저 깨끗하게 회복되는 것은 금식과 기도와 운동이 가장 빠르게 회복되고 영과 혼은 주님의 말씀으로 새롭게 되고 우리를 사랑하신 큰 사랑을 알 때 오히려 철없는 나를 발견하면서 오래 참아 주시고 기다려 주신 주님 앞에 늦게라도 남은 생명 바쳐서 나의 전부를 드리겠다는 믿음으로 다른 사람을 살리게 되는 것이다. 한 알의 밀알은 그 존재 자체가 없어져야 싹이 나고 열매를 맺는다는 진리에 우리는 순종하고 복종하며 나아가야 될 줄 믿는다.

자비량 전문 선교사 양성

마태복음 13:23

23. 좋은 땅에 뿌려졌다는 것은 말씀을 듣고
    깨닫는 자니 결실하여 어떤 것은 백 배,
    어떤 것은 육십 배, 어떤 것은 삼십 배가 되느니라 하시더라.

마태복음 13:45~51

45. 또 천국은 마치 좋은 진주를 구하는 장사와 같으니
46. 극히 값진 진주 하나를 발견하매 가서 자기의 소유를 다 팔아 그
    진주를 사느니라.
47. 또 천국은 마치 바다에 치고 각종 물고기를 모는 그물과 같으니
48. 그물에 가득하매 물가로 끌어내고 앉아서 좋은 것은 그릇에 담고
    못된 것은 내 버리느니라.
49. 세상 끝에도 이러하리라 천사들이 와서 의인 중에서 악인을 갈라
    내어
50. 풀무 불에 던져 넣으리니 거기서 울며 이를 갈리라.
51. 이 모든 것을 깨달았느냐 하시니 대답하되 그러하오이다.

페인트 작업

사고 (기억을 잃어버린) 나던 날 찍은 사진

페인트 공사

전기 공사

인도 - 전도 훈련 받고 교회를 개척하신 사역자분들께 염소 한 쌍씩 후원

1) 인도인 목사님 부부의 후원 기업 현장 체험

우리는 오래전부터 인도 복음 선교회와 인연을 가지고 기도후원부터 시작하여 이제는 제자 양성 사역을 한지도 몇 년 되었다.

우리나라의 예전에 전도부인들을 교육하여 지역교회에 전도사처럼 인도의 전도 훈련하는 일만 하시는 현지 선교사님이 계시다.

이곳에 가서 이분들에게 미용기술을 가르쳐서 전도하며 지역교회를 섬길 때 미용기술이 있으면 더 유용하기에 2박 3일을 가르치고 바로 현장실습을 하면 자신감이 생겨서 미용 봉사자로서 세워지게 된다. 이들이 교회를 개척하여 섬길 때는 그 사역자들에게 염소 한 쌍을 사역비 대신 주고 염소는 키워서 우유도 먹고 새끼를 낳으면 필요할 때 팔아 생활비로 쓰도록 하는 것이다.

들에 풀이 많으니 염소는 잘 자라고 새끼도 잘 낳기 때문에 이것으로 자비량으로 사역을 하는 사역자가 되는 것이다. 특별히 사역 비를 드리지 않아도 복음의 열정이 있기 때문에 이것으로도 기뻐하면서 사역을 잘 감당한다.

우리 교회는 오래전부터 이 사역을 계속해 왔다. 그래서 미용 선교사 양성과정의 재료비 후원금을 주시는 분들이 계시고 염소 한 쌍 값을 기부해서 교회를 세우는 사역자들에게 염소 한 쌍 드리면 잘 키워서 번식시키고 또 한 쌍은 후에 다른 사람이 개척하여 세울 때 한 쌍을 헌 물로 드리게 한다.

이런 일을 하다 보니 현지 사역자가 마침 한국에 방문하였을 때 후원하는 우리 기업이 일하는 일터 현장을 보여 주무로 부자인 사람들이 돈이 많아서 선교하는 것이 아니고 이렇게 열악한 환경에서 힘들게 일을 해서 번 돈으로 헌금한다는 것을 보고 느끼기 위해 인도 현지 선교사들이 한국방문 제주로 와서 체험현장을 체험하게 했다. 그래서 우리를 따라 공사현장을 다니면서 보조로 일하게 했다. 공사현장은 안전제일을 준수하고 곰팡이와 먼지는 기본으로 맡게 되어 있다. 처음에 나는 폐가 약해서 곰팡이 있는 곳에 가면 기침을 얼마나 많이 하는지 갈비가 아프고 부어올랐다.

우리는 처음에 힘든 일 안 하던 사람이 힘든 막노동을 하다 보니 몸이 너무 힘들고 사지 마디가 찢어지는 것 같은 고통을 겪으면서도 일을 하게 된다

날 보고 꾀가 많다고 한다. 하지만 아프다고 그냥 멈출 것인가 어떻게 하는 것이 현명한가? 남편도 힘들지만 죽는 힘을 다하여 해야 한다. 하지만 우리를 누군가 도와줄 사람이 있는 것도 아니다. 그때 마침 누가 건강식품을 팔아 달라고 해서 한 달분이 사십만 원 정도 엄청 비싼 것이다. 그러나 우선 건강에 좋은 것이라 하니 남편도 드리고 나도 먹기로 했다.

건강하면 더 많은 일을 할 수 있다고 생각하고 남편과 함께 먹게 되었다. 정말 건강이 좋아진 것 같고 피곤도 덜 하고 힘도 덜 들고 해서 이 힘든 시기를 지나갈 수 있었다. 나는 사람들에게 말한다. 무슨 일을 하든지 못한다. 할 수 없다. 라고 말하지 말고 기도하면서 할 수 있는 쪽으로 선택하여 결정하라고 하나님은 우리에게 무한한 지혜와 능력을 주신다. 주님은 항상 감당할 수 있는 힘을 주시기 때문에 주님께 묻고 인도받는 것이 가장 좋은 방법이다.

이렇게 해서 인도 현지 선교사님 부부는 더 열심히 겸손하게 맡겨진

일에 충성스럽게 일하고 우리는 그들이 하는 사역을 후원해서 우리가 하지 못하는 귀 한 일들을 감당할 때 하나님 나라는 세워지고 확장되어 가는 것이다. 인도에 현지 사역자를 1년에 남자 12명, 여자 12명 지도자를 배출한다. 우리 교회는 작은 교회이고 성도 적은데 어떻게 이런 선교를 할 수 있을까 의아하게 생각하는 사람들이 있다.

하지만 우리 교회는 저를 비롯한 전도사님들도 모두 자비량으로 섬기기 때문에 교회 헌금 그의 100%가 선교비로 사용된다. 일반 교회에 성도 2~300명이 모이는 교회도 잘할 수 없는 사역을 하고 있다.

우리가 제주에 와서 이렇게 사역을 하면서 내 기준으로 작은 교회는 어려울 것이다. 라는 생각은 잘못된 판단이라는 것을 알게 되었다. 우리는 겉모습만 보고 얼마나 많이 판단하고 죄를 짓는가, 회개하게 되었다. 내 기준으로 생각하고 말하며 행동했던 것 용서해 주세요.

2) 중국인 자매 도배 기술을 가르치다

하나님은 나에게 자비량 사역자들을 양성하여 파송하라고 일찍부터 감동을 주셨기 때문에 미용기술만 있던 나에게 건축 인테리어 기술과 페인트 도장기능사 자격증과 도배기술을 갖게 하셨다.

그래서 페인트 기술자와 도배 기술자를 양성하여 이들을 통한 자비량 사역자로 복음을 거부하는 지역에 선교사역을 정착하기 위해서는 우선 직업으로 일하면서 사람을 사귀고 그곳에서 준비된 영혼을 훈련하고 양육하여 주님의 제자를 만드는 일을 한다. 사도바울이 천막 짓는 일을 브리스길라와 아굴라와 함께 일하면서 동역한 내용이 있다.

나도 제주에 정착하는 동안 건축 인테리어 일을 하게 하시면서 이런 부분의 도배와 페인트 시공 및 건축 인테리어 기술자가 되었다. 제주에 와서 살다 보니 미용보다 더 정착하기가 쉽고 팀 사역을 하기가 좋다는 것을 깨달았다.

마침 중국 자매가 도배기술을 배워서 제자가 되고 싶다고 해서 제자로 훈련 시키기로 했다. 처음은 보조 심부름부터 훈련은 하였다.

그런데 도배일이라는 것이 사다리 위에서 천장을 쳐다보면서 하는 일이다 보니 빠른 속도로 손발이 맞아야 하고 1분 1초 사이에도 문제가 생기는 일이 많다.

그런데 말이 안 통하는 사람을 데리고 일은 하려면 배나 더 힘들고 일의 양도 양쪽에서 분배해야 하는 일을 한쪽에서 더 많이 감당하기 때문에 얼마나 지치고 힘 드는지 말로 다 할 수 없다.

저녁이면 낮에 말이 안 통해서 큰소리 지르고 의사소통에서 큰 소리의 강, 약으로 행동을 멈추게 하려면 공중에서 큰소리 톤으로 의사소통해야 했다. 3개월 정도는 목이 계속 쉬게 되었다. 저녁이면 일도 힘이 드는데 소리 지르는 것이 더 힘들고 파김치가 된다.

주님이 시키신 일은 아무리 힘들어도 죽기까지 해야 한다고 생각하면 감당할 수 있다.

이 자매는 처음에 이렇게 힘들게 배우고, 가르치고 하는 것이 1년이 지나다 세월이 약이라고 일정 기간이 지나니 이제는 맡겨도 될 정도로 기술이 늘어났다. 말은 잘 안 통하나 눈치로 언어 소통이 되며 이제는 일반 종이 벽지로 도배하는 것은 맡겨도 되었다.

이렇게 1년 정도 지나니 이제는 운전도 배우고 싶다고 했다.

그래서 운전면허 시험장으로 안내하였다. 역시 시험은 쉬운 것이 아니라 언어가 통하지 않는 가운데 특히나 이론 시험이 한국어로 보아야 하는 시험인데 몇 번 떨어질 각오를 하고 계속해서 떨어지고 다시 보고 또 떨어지고 다시 보고해서 세 번째에 만에 합격하였다.

이제 실기 시험이 또 큰 문제였다. 다행히 실기는 중국말로 시험을 본다고 해서 다행이었지만 이것도 두 번 만에 합격하였다.

나도 지독한 사람이라는 소리를 듣지만, 이 자매도 만만치 않아 절대 포기하지 않겠다는 집념의 자매였다.

드디어 합격하고 주행 연습을 하고 제주 시내도 운전을 잘하고 다닐 수 있게 되었다.

내 생각에 도로 간판도 한국말인데 어떻게 운전하나 생각했는데 우리가 언어를 다 이해되지 않아도 카메라 사진 찍듯이 같은 글씨를 자꾸 쳐다보고 읽히면 어느 정도는 알 수 있게 된다.

사람들이 다 이해하지 않아도 눈으로 보고 배우고 읽히는 경우도 상당히 많다 이런 사람을 눈썰미가 있다고 말한다.

이렇게 이 자매는 잘 배워서 이제는 실크 벽지 도배도 하게 되었고 운전도 하게 되었고 일이 있는 날이며 운전을 해서 온다. 일이 없는 날에는 펜션을 하는 목사님을 도와서 청소하는 일을 도와 드렸다.

지금은 중국에 들어가서 코로나 기간 동안에 침술을 배워서 사람을 치료하는 일을 하고 치료하는 일에 선생이 되었다.

주님 앞에 포기하지 않는 사람이 쓰임 받는다. 반드시 주께서 명령하신 일은 하나님이 이끄시고 하나님이 나를 만들어 가시고 빚어 가신다. 그러므로 포기하지 말고 말씀에 의지하여 순종하고 나아간다면 약속된 그 날은 반드시 온다는 것이다. 또한, 주님의 말씀에 의지하고 순종하면 큰 기쁨을 체험하게 된다.

중국에서 단기 미용기술 교육

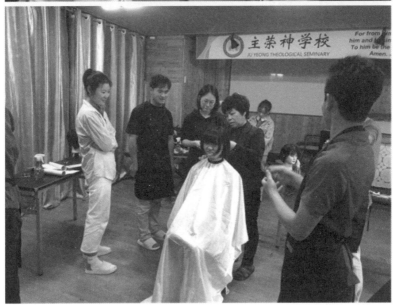

3) 중국인 신학교 학생들에게 미용기술을 가르치다

중국 신학교에서 미용기술을 가르쳐 달라는 제의를 받았다.

3개월 기간을 정해서 매주 토요일 커트와 파마 매직 스트레이트. 매직 웨이브 염색, 드라이어 업스타일. 이 많은 것을 3개월 동안에 다 가르쳐야 했다. 젊은 학생들이라 잘 따라 하고 교장 목사님의 적극적인 협력으로 귀한 사역을 감당하게 되었다.

학생들도 너무 좋아하고 새롭게 만들어지는 여러 종류의 스타일과 또 탤런트와 여배우들의 머리 스타일을 자신들이 만든다는 것이 신기하기만 하고 놀라운 일이다. 물론 프로페셔널한 솜씨는 아니지만 무슨 기술이든 반복적으로 연마하고 훈련하는 것이다.

그리고 한 번씩이라도 했던 것은 그것이 기억이 나고 방법이 떠오르기 때문에 때가 되면 다 생각이 나면서 할 수 있게 되는 것이다.

나 같은 경우도 한 번씩 보고 지나갔던 것들이 생각이 나서 응용을 한다. 하나님의 사람들은 주님의 이름으로 하는 것이기 때문에 주를 위하여 배우고 사용하려고 하는데 하나님이 기뻐하시면서 도와주실 것이라는 믿음을 가지고 꾸준히 나간다면 반드시 잘하게 되는 날이 오는 것이다. 무엇이나 기도하면 주신다는 하나님 말씀에 의지하면 얼마든지 잘하게 되는 것이다.

미용을 어떻게 보면 딱 정해진 규칙은 있지 않다. 미용은 손님의 머리 형태와 각자의 취향이 있기 때문에 다다르게 만들어도 손님이 좋아하고 기뻐하고 만족하면 100점이다. 어찌 보면 미용은 변화무상한 노하우가 있는 예능의 기술이다.

그래서 그 손님의 마음에 들게 하는 것이기 때문에 다른 어떤 것과 같이 규격에 벗어나면 잘못되어 큰일 나는 그런 것은 아니다. 그러므로 달리 말해서 크게 두려워할 필요가 없이 계속해서 기술을 연마하며 경력을 쌓아 가는 것이다.

제가 미용 제자를 가르치고 훈련한 것도 이제 27년이다.

미용 봉사자가 많이 부족한 시절에 어떻게 하면 빨리할 수 있을까? 생각하고 또 연구하다 보니 배우고 바로 봉사하면서 손끝에서 습관이 되고 섬세한 마음의 배려가 있으면 충분히 할 수 있다. 처음에 조금 잘못된 것은 마무리 단계에서 고쳐 주며 생명의 위험이 있는 것도 아니고 무슨 큰 사고가 나는 것이 아니므로 미용실에 가서 돈 주고 할 수 없는 가난한 사람들에게 일류 미용사의 솜씨는 아니어도 이발을 해 주고 다듬어 주면 깨끗하고 예쁘고 그래서 처음 봉사가 필요한 사람에게 봉사해 주니 고마운 것이다. 또 미용 배우는 사람들은 봉사해 주면서 배우게 되고 서로에게 도움이 되는 좋은 일이겠다는 생각이 들면서 오래 걸려야만 배워야 한다는 미용기술을 빨리 배울 수 있는 좋은 아이디어가 되었다.

남성 전용 클럽으로 배우고 봉사하고 계속해서 3개월 정도 하면 전문가로 훈련되어서 미용실을 오픈 할 수 있는 커트 미용실 프랜차이즈가 생겨났다. 나에게 주신 지혜를 말하면 세상 사람들이 먼저 인용한 것들이 여러 종류가 있다. 항상 하나님께서는 믿음의 사람들의 집념과 이런 노력의 결실로 믿음으로 인내한 놀라운 아이디어들이 참 많다. 세상에서의 지혜를 믿음의 사람들이 개발하고 연구해 내는 경우가 많다. 얼마나 큰 힘이 되고 능력이 되는지 모른다. 모든 끝 지점의 승리는 끝까지 인내하다 보면 결실은 맺어지는 것이다.

이번에도 필리핀에 3개월 있는 동안 중국인 신학교에서 했던 것을 하려고 한다. 그러므로 이들에게 직업으로 미용하고자 하는 큰 계획을 가지고 그곳 선교사님과 함께하고자 한다. 처음 1단계에서 목적대로 된다면 다음 단계에 미용실을 할 수 있도록 돕고 이들이 필리핀 교회에 일꾼으로 기둥들이 되도록 하는 방법이다.

기도하면서 준비한다면 하나님이 도와주실 것이다. 믿음으로 받아들이고 행동할 때 능력이 나타나게 된다.

필리핀 마닐라 일로일로에서

매직 교육 중

필리핀 동네 방문하여
성경공부 후

4) 지금 필리핀 교회를 섬기며

미용기술자 양성, 대학교 캠퍼스 선교

하나님은 나의 가는 길에 항상 함께 하심을 감사드립니다.

사람들이 이 드보라 목사가 가는 길에는 하나님이 항상 앞서서 일하시는 것이 느껴진다고 말을 합니다.

전혀 생각지도 않는 일들이 나타나고 이전에는 없었던 길이 생기고 없었던 일들이 종종 나타나면서 하나님이 보이십니다.

이런 이야기들을 많이 듣습니다.

항상 하나님이 말씀하시기를 여호와 이레라고 아브라함에게 이삭을 바치라고 하셨지만 정말 이삭을 죽이려고 하시는 것이 아니라 아브라함의 순종과 아브라함이 하나님을 얼마나 잘 믿는 것인가 시험한다는 것을 믿음의 사람들은 다 알고 있다.

하지만 이렇게 아브라함과 똑같이 아들 바치는 시험을 하시는 것은 아니다. 자기 자신이 가장 귀중하게 여기고 중요하게 여기는 것 목숨보다 중요하고 그 어떤 것보다 가장 귀중하게 여기는 것을 하나님 앞에 내려놓을 수 있는지 이 시험을 보시는 것입니다.

어떤 사람에게는 돈이고 어떤 사람에게는 명예이고 어떤 사람에게는 권력이고 어떤 사람에게는 지혜, 지식 등등 지금 네가 인생에 있어서 매우 중요하게 여기는 것을 버릴 수 있는가 많은 사람이 이 시험에 통과하지 못하는 것을 많이 봅니다. 하지만 하나님은 반드시 모든 사람에게 동일한 이 시험을 보게 합니다. 대학교 입학시험 취업시험 승진시험 자격

시험. 등등 반드시 치러야 하는 것이 시험입니다.

하나님은 이것을 오직 믿음으로 통과한 자에게 여호와 이레가 있다. 하나님이 준비하신 것을 눈으로 보지 못하고 귀로도 듣지 못하고 마음으로 생각지 못한 것을 준비하시는 하나님을 만날 때 이것도 한 번만 이런 것이 아니고 계속해서 날마다 체험하고 느낄 때 이 사람이 행복한 것입니다. 하나님은 나에게 자비량 사역자들을 양성하여 나의 일을 준비하라 하셨습니다.

마지막 때에 공수부대 특공대처럼 어떤 환경에서도 살아남아 승리할 수 있다. 군인인 사람은 아무것도 무서움이 없고 두려운 것이 없습니다. 오직 내가 가는 길에 주님께서 항상 말씀하시면 여호와 이레로 준비하시고 앞서서 가십니다.

이곳 필리핀 모리아 교회는 부산 서부교회가 주일학교가 부흥되어 소문난 교회처럼 여기 필리핀 교회도 어린이 주일학교가 잘되고 부흥되는 칭찬받는 교회입니다.

이곳에서 개척하여 20년이 넘은 교회로 필리핀 지역에 지역 성경공부하는 곳이 120군데나 되고 전담 교사 사역자들이 50명이 넘는 교회입니다. 이곳에 사역자들이 주의 일을 감당하는데 자비량으로 어디를 가든지 교회를 개척하여 세우고 이 일을 감당하기 위하여 주중에는 직업이 필요한 교사와 전도자 사역자들이다.

이곳 선교사님께서 일찍이 이런 마음으로 이 청년 사역자들이 필리핀은 물론 세계 곳곳에 교회를 세워나가기 원하는 분들에게 여러 종류의 기술들을 가르치고 계시다.

태권도 지도자 양성과정, 비즈공예 기술, 미용기술, 건축 현장에서 사용되는 기술자들을 양성하여 이들이 자비량 사역을 하기를 원한다.

이미 태권도는 몇 년 전부터 정기적으로 방문하신 목사님이 계셔서 지도자급 시험을 준비하고 있다.

내가 방문했을 때는 비즈공예를 하시는 집사님께서 비즈공예 기술을 가르치고 계셨다.

나는 이번에 3개월간 필리핀에 있게 되면서 미용기술을 수련한 이들이 미용업을 할 수 있도록 최대한 지원과 도움을 주고자 한다.

나에게 준비시키신 것은 연합하여 미용실은 하고 계신 원장님에게 하나님의 부르심에 이곳 필리핀에 오셔서 미용실을 하라고 말을 하였다. 이곳 선교사님께서는 일찍이 이런 생각을 가지고 오랫동안 기도해 오신 것을 함께 이루어 가는 것이다.

나는 믿음으로 원장님 기도하세요. 주의 음성이면 바로 달려오십시오. 이런 대화를 하였다. 아무 생각도 없이 전혀 계획하지 않던 새로운 곳에 어떻게 전부 정리하고 쉽게 옮길 수 있느냐고 묻는 사람들이 있다.

성경에 예수님 성만찬에 다락방 준비한 사람과 어린 나귀를 키우는 주인이 예수님이 타려고 준비하라는 하나님의 음성을 듣고 주가 쓰시겠다. 하라 하니 그 나귀 주인은 매여 있는 나귀를 풀어 끌고 가게 했다는 말씀이 있습니다.

항상 하나님의 음성을 듣는 사람들은 주님의 음성을 듣고 준비합니다. 처음에는 하나님이 먼저 우리들에게 가르칩니다.

하나님이 우리의 아버지 되신 것과 우리가 옛적에 하나님 앞에서 고아처럼 살았고 거룩함을 모르고 죄에 물들어 있는 존재였다가 "마치 양자로 입양되어서 이제는 거룩한 백성 거룩한 왕자의 모습인 상속자로 훈련

시키시면서 땅에 것은 섞어질 것과 영생하도록 있는 양식을 위하여 사는 훈련. 무엇을 구해야 하며 무엇이 중요한지 우선순위는 무엇인지 아버지는 모든 것을 아시고 보시고 준비하신 분이 나의 참 좋은 아버지가 되셔서 참으로 좋은 길로 인도하심을 경험한 자들은 아무 걱정도 하지 않고 그분이 인도하는 대로 따라가는 것입니다.

그리고 그분의 계획도 알려 주시고 부탁도 하시고 동참하기를 권고도 하십니다.

"이 정도 훈련이 되어야 주가 쓰시겠다."할 때 아무 말 없이 너무나 감사하고 써 주시기만 해도 감사하며 기뻐하면서 드릴 수 있는 것입니다.

세상 곳곳에 이렇게 준비된 하나님의 사람들이 있습니다. 하나님이 세상에서 네트워크로 서로 연결하고 연합하여 진심으로 신뢰가 쌓인 관계에서는 필요하다면 언제든지 들이는 사람들이 있습니다.

마치는 글

　이제 미용으로 선교하며 복음을 전한지 40년의 세월이 지났다. 나를 만드시고 인도하신 이가 깨닫게 하셔서 여기까지 인도하시는 동안 내가 미용기술이 좋아서 하나님이 부르신 줄 알았는데 하나님이 최고의 미용 기술자라고 하셨다. '너의 기술도 내가 준 것이고 내가 지시해야 할 수 있는 것이다.' 이런 깨달음 주시면서 네가 안 한다고 하면 다른 사람을 불러서 쓰신다고 하실 때 '그동안 수많은 고생을 하면서 주님을 따라왔는데 중도에 포기할 수 없지요.' 하고 마음을 새롭게 먹었다.

　하나님은 최고의 미용 기술자도 되시고 최고의 요리사도 되시고 못 할 것이 없으시며 모든 분야의 가장 탁월하신 분이시다. 돈을 많이 버는 능력을 주시는 것도 이 모두가 주님이 감동 감화해서 능력 주셔서 탁월하게 하셨다는 것에 깊은 감동을 주셨다.

　이 책을 통하여 뜻이 같은 분들을 많이 만나고 싶고 함께 일을 하면서 각자의 달란트를 복음을 위해 사용한다면 하나님이 기뻐하시는 아름다운 선교단체가 될 것이라 믿는다.

　이 모든 영광을 하나님께 올려 드립니다.

GWM 선교회 예배 후 출정 선포식

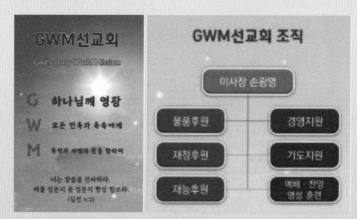

물자후원 / 재정후원 / 재능후원 / 경영지원 / 예배와 찬양 영성훈련 / 기도후원

1) GWM 선교회 사역 소개

GWM 선교회는 자비량 전문인 선교사를 양성하고 후원하는 자비량 선교단체입니다.

세계로 복음 전파하는 현지교회나 신학교와 협력하여 말씀과 복음으로 훈련된 사역자와 기술을 같이 접목하고 때로는 후원으로 협력하여 현지 사역자를 양성하는 방식이다.

이 모든 것을 혼자서 담당한다면 너무나 많은 시간과 인력들이 필요하지만, 저희에게 주신 사역과 연합할 수 있는 단체라면 함께 연합하여 감당한다. 마치 자동차 부품이 각각 다른 곳에서 만들어지지만 결합하면 제 기능을 나타내는 것처럼, 선교는 각자에게 주님이 부어 주신 달란트로 훈련된 사람들이 연합하여 감당하는 것이다. 지금은 작지만 이 일을 감당하고자 열심으로 달려가고 있다.

2) GWM 선교회 설립 취지 및 배경

세계 200여 개 나라 중 아직도 복음을 받아들이지 않는 지역이 이슬람 지역과 공산권 지역, 힌두교 지역 등 대표적인 나라들은 특별한 선교 정책이 없는 한 아직도 힘든 지역이고 자비량 선교사로 스스로 사역과 재정을 해결할 수 있는 사역자를 훈련하여 파송하고 정착하는 것을 지원하고 네트워크를 통한 정보 교류로 후원한다.

기도후원 - 모든 사역에서 기도는 절대적으로 필요하다. 기도 없이 아무것도 할 수 없고 무엇을 한다 해도 모래 위에 세운 건축물과 같다. 모든 일을 하는데 있어서 '중보기도팀'과 '중보사역'은 너무나 중요한 것이다.

하나님 앞에 각자의 사역이 다르지만, 하나님 앞에 이르러서는 모든 사역의 상급은 같다. 얼마나 열심히 헌신을 다하여 드렸는가에 따라서 상급이 주어지는 것이다

물자후원 - 현지에서 현지인들이 사역하기 위하여 기술을 가르쳐 주지만 재료비가 있어야 하므로 재료비를 지원하는 부분, 현지 사역자가 기술을 연마하고 1단계 훈련이 지나고 나면 미용실이나 피부 관리실을 운영할 수 있는 단계에 이르렀을 때 독립된 사역을 감당하려면 이곳에 필요한 2단계 지원이 필요한 것을 감당할 수 있는 자원을 후원하는 사역이다.

재정후원 - 선교단체를 운영하려면 여러분의 기도와 후원이 반드시 필요하다. 우리선교단체의 취지를 이해하고 함께 기도하고 후원하는 일과 또 한 후원할 수 있는 후원자와 기업을 발굴합니다. 현재 함께 하는 후원단체는 GWM 선교교회, ㈜제이엠비 라이프, 손 광명이사장, GWM 선교회 이사님들의 후원으로 재정을 담당하며 국내는 미 자립 개척교회와 해외 선교단체와 현지 선교사들을 후원하고 있다.

재능후원 - 이·미용, 피부건강 관리, 페인트 등 기술 지원 사역을 하고 있다 라오스에 식당을 하고 계신 분이 계셔서 요리 기술을 특히 지금 세계를 한류 문화를 타고 문화는 복음의 수레 역할을 한다.

한국식 김밥 떡볶이 김치 등 현지 음식을 만드는 것을 아무것도 못 하는 사람들에게는 생업의 문제를 해결이면서 이 모든 것들을 복음의 도구로 만드는 것이다.

경영지원 - 어떤 분야의 전문성을 가지려면 전문 경영인들의 자문과 도움이 반드시 필요하다.

그러므로 전문성이 있는 분의 기술지원과 경영 자문 지원이 필요하다.

항상 연합하여 서로 협력함이 매우 중요하다.

3) 예배와 영성 훈련

예배와 찬양을 통하여 하나님께 영광을 올려드려야 하고 찬양으로 하나님이 하시는 일들은 모든 것이 옳으시며 그분이 하시는 것은 아멘만 있어야 한다. 이런 예배자의 자세와 모든 회원의 마음가짐이 산 제사가 될 때 하나님은 기뻐하시고 하나님의 나라가 곳곳에 세워지게 되는 것이고 이런 제물이 되기 위해서는 기도와 말씀과 행함 있는 믿음으로 나아갈 때 아름다운 하나님의 나라가 세워질 것이다.

4) 주요사역

* 이·미용 기술자 양성

* 피부미용 건강 관리사 양성

* 집수리, 페인트 기술 양성

* 경영훈련, 운영 노하우 전수

* 말씀 훈련, 예배와 섬김, 영성훈련

* 선교지 선교사 선정, 후원, 네트워크 교류

5) GWM 선교회 협력단체 및 기관

* 스포츠 체형관리사 자격증

* 주식회사 네오닉스 아로마테라피/리치마케팅

* 자비량 전문인 선교사 훈련

6) 해외 사역 현황

* 인도 북동부 아셈 지역 - 이·미용 기술 사역

  남부 하이드라바드 지역 - 미용/페인트 기술자 양성 사역

  전도자 훈련생들에게 이·미용기술을 가르치고 현장 실습으로 미용

  봉사자 양성

* 인도 '복음 선교회' 김*식 선교사

* 필리핀 멘데즈 교회 - 이·미용 봉사자 양성

* 필리핀 모리아 교회

* 중국, 몽골, 라오스

GWM 선교후원

선교회 주소: 제주특별자치도 제주시 연삼로 714

T: 064-725-7702

후원 계좌: 농협은행   GWM 선교회: 301-0303-9905-51

mail: sugi7436@naver.com

유튜브 방송

bth.modoo.at(미용기술)

GWM 선교교회(아름다운교회) 홈페이지를 열고

아름다운 선교방송 누르면 기초부터 미용 배울 수 있도록 유튜브 영상이 있습니다.

혼자 독학으로도 미용기술 배울 수 있습니다

나는 배추벌레였다

ⓒ 이 드보라, 2024

개정판 1쇄 발행 2024년 10월 18일

지은이   이 드보라
펴낸이   이기봉
편집   좋은땅 편집팀
펴낸곳   도서출판 좋은땅
주소   서울특별시 마포구 양화로12길 26 지월드빌딩 (서교동 395-7)
전화   02)374-8616~7
팩스   02)374-8614
이메일   gworldbook@naver.com
홈페이지   www.g-world.co.kr

ISBN   979-11-388-3642-5 (03230)